van stoom tot stroom

Foto omslag:
Hoogtepunt der blokkendozen, begin dertiger jaren. Amsterdam CS. (© Ronald Speijer).

ISBN 90 6013 906 2

N.J. van Wijck Jurriaanse

van stoom tot stroom

het blokkendozenmaterieel van de N.S.

uitgeverij de Alk b.v.

Inhoud

De stoomlocomotief

Hoe vernuftig en menselijkerwijze volmaakt de stoomlocomotief ook moge zijn, zij zal helaas de fouten van haar geboorte tot het einde harer jaren mede dienen te dragen. Technisch gezien was haar rendement laag, dat is al vele malen bezongen; maatschappelijk gezien produceerde zij slechts stoom en rook, roet en sintels. Maar zij kon toch ook constant werken onder zeer geforceerde omstandigheden. Gebouwd volgens de eenvoudigste constructies omdat immers controle van de bewegende delen tijdens de rit niet mogelijk was. Zij ontwikkelde de grootst mogelijke trekkracht in de meest beperkte ruimte en dan nog bij een zo laag mogelijk eigen gewicht.

Na de tweede wereldoorlog heeft de stoomlocomotief om economische redenen niet meer de zorg gekregen die zij in de laatste decennia van haar bestaan zou hebben verdiend.

Met alle waardering voor het stoomgebeuren dat de museumlijnen ons laten zien, weten ook zij niet het grote werk dat de stoomlocomotief in de eerste helft van deze eeuw heeft verricht, op de voorgrond te plaatsen.

Met uitdrukkingen als „ouderwetse stoomtreintjes", „de oudjes van stal halen" en „treinen uit grootmoeders tijd" wordt de grootheid van de stoomlocomotief niet gediend. Ook al zijn haar technieken achterhaald en vervangen door betere, in hun tijd waren zij het die het zware werk deden. Dit verdient te allen tijde waardering en geen kleinering.

Helaas, de stoomlocomotief is met een meewarig knikje maar roemloos ten onder gegaan.

Voorwoord

Dit boek zou vele malen dunner zijn geworden als alle 259 blokkendoosnummers onder elkaar waren geschreven met daarachter de diverse vernummeringen. De uitvoering van dergelijke reuze tabellen stuit op praktische bezwaren maar geeft ook geen enkele toelichting op het gebeurde. Vandaar dan toch maar dit dikkere blokkendozenboek.
Ook bij de thans beschrijvende vorm is van ieder rijtuig de volledige historie te vinden wanneer men zich de moeite getroost dit voor zichzelf op te zetten. Iemand die belangstelling heeft voor het blokkendozenleven kan dit opbrengen en deze vorm mag dan ook voor hen geen bezwaar zijn. De gegevens worden hierbij aangedragen. En wil men het niet zo precies weten, dan geeft de tekst de grote lijnen aan.
Veel van de gegeven details van het behandelde materieel heb ik in mijn eigen aantekeningen kunnen vinden. De blokkendozen hebben mij de afgelopen zestig jaar steeds bijzonder geïntrigeerd.

Behoudens het blokkendozengebeuren na 1955, was dit boek reeds vóór die tijd geschreven onder de titel van „Stoom tot Stroom". Wijlen mijn collega K.L. Brünott maakte daarvoor een omslagtekening die toen wel, maar thans, 25 jaar later, zijn plaats niet meer vindt in de huidige boekenwereld. Als een hommage aan zijn toch aardig en gestileerd ontwerp hierbij een kleine afbeelding.
Materieel 24 was de officiële naam van de electrische motor- en tussenrijtuigen die in de jaren 1923 t/m 1932 door de NS in dienst werden gesteld. De verdere electrificatie van het NS-net begon in het westen van Nederland. Het materieel 24 dat daar in 1927 begon te rijden zou de bijnaam van blokkendozen krijgen. Daarnaast kwamen de namen „vierkante rijtuigen" (naar hun vorm) en in latere jaren „buffermaterieel" (in tegenstelling tot de stroomlijntreinstellen) bij het spoorwegpersoneel in gebruik.
Over dit materieel handelt dit boek. Het is populair technisch, daarnaast historisch zeer uitgebreid. Van 1923, toen de eerste blokkendoos kwam, tot vandaag nu er nog diverse tientallen van deze 259 gebouwde rijtuigen in allerlei uitvoeringen rijden, alleen niet meer in de personendienst bij de Nederlandse Spoorwegen. Het was ijzersterk materieel, onverwoestbaar, gebouwd voor de eeuwigheid. Men verwachtte immers in 1922 geen oorlog meer!

5-Rijtuig proeftreinstel Beijnes. (foto 1924 Den Haag HSM)

Materieel 24 heeft miljoenen kilometers afgelegd, heeft de oorlog 1940/45 meegemaakt, als electrische trekkrachten goederentreinen gereden. Vele rijtuigen werden in de barre oorlogswinter 44/45 naar Duitsland afgevoerd en kwamen zwaar beschadigd terug. Maar toch werden er maar enige tientallen afgevoerd. De rest keerde terug en werd hersteld; in 1950 reden de overgebleven blokkendozen weer allemaal. Dit en nog veel meer vindt U in dit boek. Ook de electrificatie en moeizame her-electrificatie na 1945, de stroomvoorziening van het electrische NS-net maar dan wel die zoals deze was ten tijde van de blokkendozen, d.w.z. tot een tiental jaren na de tweede wereldoorlog. Sindsdien is de afgelopen 25 jaar ook op dit gebied veel veranderd en uitgebreid. Deze evolutie eveneens op te nemen gaat het bestek van dit boek te buiten. Men diene dus de beschrijving van de stroomvoorziening te zien vanuit 1920, het jaar waarin de electrificatie van het Nederlandse spoorwegnet begon. Maar het is eveneens een periode die, historisch gezien, de moeite waard is vastgelegd te worden.
Verder enige beelden der treinsamenstelling in de periode 1923-1958 met daarnaast de dienstuitvoering en omloop materieel.
Tot een juist begrip moge nog dienen, dat het woord „hoofdlijn" hier niet wordt gebruikt als tegenstelling tot locaalspoorweg. Men leze hoofdlijn in dit verband als de hoofd (stam) lijn van het vroegere HIJSM-net waartoe de spoorweg Amsterdam – Rotterdam van de „Hollander" (HSM) zeker mag worden gerekend. Vóór de fusie, en ook nog wel nadien, treft men in diverse publicaties dit woord herhaaldelijk in deze betekenis aan.

Baarn, december 1979
N.J. van Wijck Jurriaanse

De electrische spoorlijnen

Inleiding

In november 1916 was de belangengemeenschap tussen de beide grote spoorwegmaatschappijen, SS en HSM tot stand gekomen. Dit was een eerste stap op de lange weg die ons in 1938 tot de N.V. Nederlandsche Spoorwegen zou brengen. Eén van de eerste daden die uit dit samengaan voortvloeide was dat door de Directies van SS, HSM en NCS een commissie werd benoemd die o.a. een lijst zou samenstellen van locomotieven en rijtuigen die in aanmerking kwamen voor een bouwprogramma van nieuw materieel. Eventueel konden reeds bestaande series worden uitgebreid. Wat dit bouwprogramma inhield, hebben wij in de jaren 1919 t/m 1923 kunnen zien. Eén type locomotief en één type rijtuig hebben wij niet te zien gekregen.

Vliegtreinen

In 1917 kwam de HSM met het idee om op diverse baanvakken, o.a. Haarlem – Leiden, een belangrijke versnelling aan te brengen in de lange afstand stoomstoptreinen. Dit idee stond aanvankelijk naast het plan tot gedeeltelijke electrificatie in het westen. Met deze snelle stoomtreinen beoogde de Directie voor minder drukke baanvakken de voordelen van de electrische exploitatie te verkrijgen zonder in kostbare uitgaven ten behoeve van de electrificatie te vervallen. Deze voordelen – een grotere reissnelheid door snel aanzetten en stoppen – konden dan worden gecombineerd met het stoombedrijf. De capaciteit van deze baanvakken zou dan kunnen worden vergroot door een meer intensieve omloop van het materieel. Hierbij stelde men zich voor de treinen te ontlasten van bestel- en ijlgoederenvervoer zomede van wagenladingen. Dit goederenverkeer was geheel op speciale treinen aan te wijzen.
De eisen die men aan deze snelle stoomtreinen stelde waren:

1. lichte bouw (snel aanzetten en rijden)
2. doorgangsrijtuigen (geen openen en sluiten van portieren, daarentegen wel grote bordessen voor vlug in- en uitstappen)
3. gesloten treinen (geen omrangeren van de D; ter gewichtsbesparing aan beide einden een CD)
4. eindbordessen geheel gesloten met glaswanden (staanplaatsen voor korte trajecten)
5. stationnement ½ minuut
6. rijtijd Haarlem b8 leiden (29 km) 35 minuten
7. capaciteit 350 zit- en staanplaatsen

Wat betreft de locomotieven zouden deze een afstand van 250 km moeten afleggen zonder kolen laden en met éénmaal waternemen.
Dit plan werd door de SS (die daarbij o.a. dacht aan zijn lijn Zwolle – Gronin-

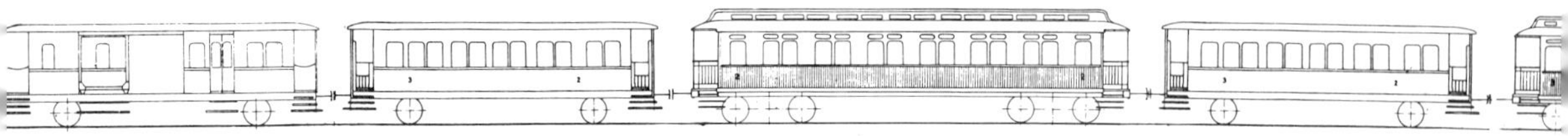

PD 1015 Görlitz 1916 BC 1027 Werkspoor 1916 B 1806 wpc NCS Utrecht 1899 BC 1026 Werkspoor 1916 C

gen) en ook door de bovengenoemde commissie overgenomen. Deze z.g. „vliegtreinen" zouden worden samengesteld uit een aantal 2- of 4-assige rijtuigen met ruime balcons. Voor de twee-assers had men het laatste type locaaltreinrijtuigen van de HSM op het oog, de Haarlemmermeerders; zouden het vierassers worden dan had men zich rijtuigen in de geest van de groene Zandvoorters gedacht. Inzake de locomotieven is men niet tot een resultaat gekomen. Gegeven de juist tot stand gekomen samenwerking tussen SS en HSM, stelde de HSM zich voor dat het een kruising zou worden tussen een 1200 SS en een 800 HSM, qua type een Peacock machine doch met een Stewart uiterlijk. Teneinde inzicht te krijgen inzake de uitvoering van dit plan en ter verkrijging van gegevens voor de verdere studie van loc en materieel, werd besloten een proefrit te rijden met een trein die het voorgestelde idee enigszins benaderde en derhalve zou bestaan uit 2-assig HSM locaaltreinmaterieel en 4-assig NCS locaaltreinmaterieel. Deze proeftrein reed op 11 juli 1917 van Haarlem naar Schiedam volgens onderstaande dienstregeling.

Proefrit

km	stations/halten/stopplaatsen	aank.	vertr.	bestaande rijtijd stoom	versnelde rijtijd stoom	electrische rijtijd 1927
	Haarlem	-	2.45			
8.5	Vogelenzang/Bennebroek	S	2.53	10	8	9
2.7	Hillegom	S	2.57	5	4	4
3.5	Lisse	S	3.02	6	5	4
4.6	Piet Gijzenbrug	S	3.07	6	5	5
3.0	Voorhout	S	3.11	5	4	3
3.2	Warmond	S	3.16	5	5	5
3.3	Leiden	3.20	3.25	5	4	4
2.0	de Vink	S	3.28	3	3	3
3.4	Voorschoten	S	3.33	6	5	4
8.3	Laan van Nieuw Oost Indië	S	3.41	-	8	-
1.7	Den Haag HSM	3.44	3.49	12	3	9
3.2	Rijswijk	S	3.53	5	4	4
5.2	Delft	3.59	4.01	8	6	5
6.9	Kethel	S	4.09	10	8	5
3.4	Schiedam	4.14	-	5	5	4
			Totaal	91	77	68

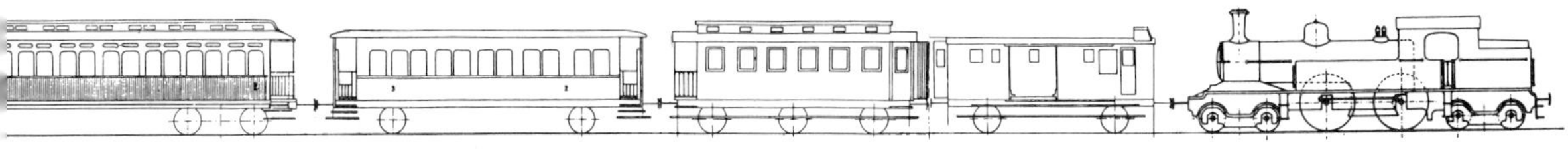

NCS Utrecht 1899 BC 1024 Werkspoor 1916 A 4001 wpc SS Tilburg 1877 D 2181 Beijnes 1870

De trein was samengesteld uit het volgende materieel: D 80 SS, A 1 SS, BC 1214 HS, C 111 NCS, BC 1216 HS, B 111 NCS, BC 1217 HS, LD 3025 HS (ca. 142 ton treingewicht) en werd gereden door een 800 van de HSM. In deze versnelde stoomrijtijd was totaal 6 minuten uitgetrokken voor stoppen aan de diverse 11 stations, halten en stopplaatsen. De 800 HSM wist deze rijtijd aan te houden met het handle op 20-25 % en een vertraging van 41 seconden. Deze mag nog worden toegeschreven aan de A en E-borden tussen Haarlem en Vogelenzang/Bennebroek.
Het eerste electrificatieplan van 1917 behelsde de lijn Amsterdam – Rotterdam. Mede als gevolg van dit plan tot electrificatie verviel nu het plan van de „vliegtreinen", later nog snelstoptreinen genoemd. Men ging over tot electrische treinstellen.

Rijtuigtypen

Voor de nieuwe electrische tractie werd nog in 1917 als treinsamenstelling de gesloten trein aangenomen met vóór en achter een motorrijtuig. Een en ander geheel aansluitend bij de ZHESM-exploitatie. Vooralsnog werd geen dienstuitvoering met electrische locomotieven aanvaard.
Men had zich de rijtuigen aanvankelijk voorgesteld als compartiment-rijtuigen. Deze boden een groter aantal zitplaatsen, het in- en uitstappen bij dit type rijtuigen zou sneller gaan dan bij die met middendoorloop en balkons. Dit nu weer in tegenstelling tot het vliegtreinen-idee!
De HSM herinnerde zich in dit verband haar AB_9 en C_{11} stoomtreinrijtuigen van de series AB 600/700 en C 700/1500, NS 5000. Snelgoederentreinen met stoomtractie zouden op de geëlectrificeerde baanvakken voor het post-, rijwiel- en bagagevervoer worden ingelegd. Het overige goederenvervoer was op de nacht aangewezen.
Men stapte reeds spoedig van het compartimentenstelsel af. Voor de electrische tractie ging de inmiddels gevormde NS nu over tot rijtuigen met middendoorloop en dwarsbanken.
Het ontwerp van de 5-rijtuigtrein type 1924 heeft ook de aandacht gevraagd voor het principe van opgelegde bakken op een gemeenschappelijk draaistel. Het zou dan de bedoeling zijn geweest, de drie tussenrijtuigen totaal 4 draaistellen te geven waarbij deze rijtuigen dan als een eenheid dienden te worden beschouwd. Dit plan is echter niet tot uitvoering gebracht. Hoewel men van een treinstel het gewicht van twee draaistellen zou besparen, hetgeen de aanschaffingskosten en het stroomverbruik ervan zou beperken, wogen de nadelen van de opgelegde en kortgekoppelde bakken echter zwaarder. Als nadeel gold, dat bij kleine herstelling van één tussenrijtuig er direct minstens 3 rijtuigen buiten dienst gingen. Immers, het vervangen van een opgelegd rijtuig door een ander is op een onderhoudsdepot als regel moeilijk uitvoerbaar. Bovendien is het vervoer naar de werkplaats in verband met het koppelen van een dergelijk rijtuig aan voertuigen met normaal stoot- en trekwerk niet zo eenvoudig. Men had in die jaren nog niet

C 9002. (foto Kreuzen, 28.8.25 werkplaats Haarlem)

zo'n ervaring daarmee als thans, toen vooral na de bevrijding allerlei stukken opgelegde en kortgekoppelde treinstellen door het land werden vervoerd.
Een ander bezwaar was nog, dat tengevolge van de grotere afstand hart op hart van de gemeenschappelijke draaistellen, de bakken smaller moesten worden. Voor de derde klasse wilde men reeds toen slechts node afstand doen van het idee van banken voor 5 personen op een rij met middendoorloop. De eisen, die men aan een electrisch treinstel van de samenstelling motorrijtuig-3 tussenrijtuigen-motorrijtuig voor de dienst Amsterdam – Rotterdam stelde waren:

1. een rijtijd Amsterdam – Rotterdam van 72 minuten met 1 minuut stoppen te Haarlem, Leiden, Delft en Schiedam en 2 minuten te Den Haag. De totale afstand van 86 km moest dus met 6 maal aanzetten in 66 minuten worden gereden.
2. maximumsnelheid 5-rijtuigtrein 105 km/h.
3. bij aanzetten 5-rijtuigtrein in 3 minuten een snelheid van 95 km/h.

Proeftreinstellen

Zoals uit de diverse gegevens van de verschillende electrische rijtuigen van de hoofdlijnen blijkt, werden in 1924 twee treinstellen, ieder bestaande uit een mBD, Bec, Aec, Cec en mC rijtuig, in dienst gesteld. Het ene treinstel is geleverd door de N.V. Werkspoor te Amsterdam – maar gebouwd in de fabriek te Utrecht – met een electrische uitrusting, inclusief de acht 225 pk tractiemotoren, van de Wes-

Proeftreinstel Den Haag HSM. (verz NJvWJ)

tinghouse Electric Corporation te East Pittsburgh in Amerika; het andere treinstel werd te Haarlem gebouwd bij de firma J.J. Beijnes, voor welk treinstel de Metropolitan Vickers Ltd te Manchester de volledige electrische uitrusting leverde inclusief de tractiemotoren. Slechts de 2 Cec's van deze treinstellen werden niet door de Nederlandse fabrieken geleverd; deze C's werden gebouwd bij Hawa te Hannover. Daarentegen leverden Werkspoor en Beijnes in 1924 nog resp. een derde mBD en mC als reserves voor deze proeftreinen. Dit Werkspoorrijtuig kreeg 4 motoren van de N.V. Heemaf te Hengelo (type Westinghouse); het rijtuig van Beijnes werd met Siemens Schuckert Werke motoren uitgerust. In tegenstelling tot de andere tractiemotoren met glijlagers, was bij de SSW-motoren de ankeras opgelegd met rollagers.

Materieelpark

Met betrekking tot verdere bestellingen had de firma Beijnes in 1926 de rijtuigen B 8516, 8519-8525 gereed. Zij werden echter nog niet aan de NS afgeleverd, doch tijdelijk op NS-terrein (B 8516, 8519-8523 te Gennep en de B 8524, 8525 in de oude locloods Beukelsdijk te Rotterdam DP) opgeborgen. Toen deze loods begin september 1926 door brand werd verwoest, gingen de aldaar opgeborgen en nog nooit dienst gedaan hebbende 2 nieuwe Bec-rijtuigen geheel verloren. In 1927 leverde Beijnes een nieuwe B 8524 en 8525 aan de NS af. De te Gennep opgeborgen rijtuigen waren daar begin 1927 nog aanwezig.

Indienststelling Materieel-24

Bestel-ling		Rijtuigserie	type	Fabriek	Electrische installatie	draai-stel	zit-plaatsen 1	2	3	in dienst
		Houten dak, klassieke vouwbalgophanging								
1	6.22	B 7501-2	2	Hawa	Heemaf	L		64		1923 [1]
		B 7503-4	2	Hawa	Heemaf	L		64		1924 [2]
		B 7505-7	2	Beijnes	Heemaf	L		64		1923 [3]
		B 7508-10	2	Werkspoor	Heemaf	L		64		1923 [4]
2	10.22	BD 9001-2	1	Werkspoor	Westinghouse	M		40		1924
		BD 9003	1	Beijnes	Vickers	M		40		1924
		C 9001	5	Werkspoor	Westinghouse	M			88	1924
		C 9002-3	5	Beijnes	Vickers	M			88	1924
		A 8501	3	Werkspoor	Westinghouse	88	1927			
6A										
		A 8502	3	Beijnes	Vickers	L	42			1923
		B 8501	2	Beijnes	Vickers	L		64		1923
		B 8502	2	Werkspoor	Westinghouse	L		64		1923
		C 8501	4	Hawa	Westinghouse	L			88	1923
		C 8502	4	Hawa	Vickers	L			88	1923
3	7.24	BD 9004	1	Beijnes	Heemaf	M		40		1925
		C 9004-10	5	Werkspoor	Heemaf	M			88	1925
		C 9011-17	5	Beijnes	Heemaf	M			88	1925
		C 8503-5	4	Werkspoor	Heemaf	L			88	1925
		C 8506-7	4	Hawa	Heemaf	L			88	1925
		C 8508-9	4	Görlitz	Heemaf	L			88	1925
4	1.25	B 8513-15,17,18	2	Beijnes	Heemaf	L		64		1926
		B 8516,19-23	2	Beijnes	Heemaf	L		64		1927
5	2.25	A 8503-21	3	Werkspoor	Heemaf	L	42			1927
6	4.25	B 8524-25	2	Beijnes	Heemaf	L		64		——— [5]
7	8.25	BD 9005-6	1	Beijnes	Vickers	M		40		1926
		BD 9007-20	1	Beijnes	Vickers	M		40		1927
		BD 9021-27	1	Werkspoor	Heemaf	M		40		1927
		C 9018-21	5	Werkspoor	Heemaf	M			88	1926
		C 9022-27	5	Werkspoor	Heemaf	M			88	1927
8	3.26	ABD 9001-4	6	Görlitz	Heemaf	M	14	24		1927
		C 8101-3	7	Görlitz	Heemaf	L			88	1927
		C 8510-26	4	Görlitz	Heemaf	L			88	1927

[1]) sinds 1925 B 8503-4
[2]) sinds 1925 B 8505-6
[3]) sinds 1925 B 8507-9
[4]) sinds 1925 B 8510-12
[5]) 9.26 door brand vernield.

Bestel-ling		Rijtuigserie	type	Fabriek	Electrische installatie	draai-stel	zit-plaatsen 1	2	3	in dienst
6A	10.26	B 8524-25	2	Beijnes	Heemaf	L		64		1927
9	1.27	BD 9028	1	Beijnes	Vickers	M		40		1927
		C 9028-31	5	Werkspoor	Heemaf	M			88	1927
		C 9032-34	5	Beijnes	Vickers	M			88	1927
		A 8522	3	Werkspoor	Heemaf	L	42			1927
		B 8526	2	Beijnes	Heemaf	L		64		1927
		C 8527	4	Werkspoor	Heemaf	L			88	1927
10	9.27	C 9035-37	5	Hawa	Heemaf	M			88	1928
		C 9401-10	8	Beijnes	Vickers	M			88	1928
		C 9411-23	8	Werkspoor	Heemaf	M			88	1928
11	11.27	A 8523-24	3	Werkspoor	Heemaf	L	42			1928
		B 8527-28	2	Beijnes	Heemaf	L		64		1928
		C 8528-31	4	Werkspoor	Heemaf	L			88	1928
		C 8532-34	4	Beijnes	Heemaf	L			88	1928
		Houten dak, Hongaarse vouwbalgophanging								
12	9.28	BD 9029-30	1	Beijnes	Heemaf	M		40		1929
		C 9038	5	Werkspoor	Heemaf	M			88	1929
		C 9424	8	Werkspoor	Heemaf	M			88	1929
		A 8525-27	3	Werkspoor	Heemaf	L	42			1929
		D 8529-31	2	Beijnes	Heemaf	L		64		1929
		C 8535-36	4	Beijnes	Heemaf	L			88	1929
		Stalen dak, Hongaarse vouwbalgophanging								
13	2.30	BD 9151-61	9	Beijnes	Vickers	W		32		1931
		C 9425-32	12	Beijnes	Heemaf	W			88	1931
		C 9433-42	12	Werkspoor	Heemaf	W			88	1931
		AB 8501-11	10	Werkspoor	Heemaf	V	24	24		1931
		B 8532-33	13	Beijnes	Heemaf	V		64		1931
		C 8537-55	11	Werkspoor	Heemaf	V			88	1931
14	9.31	C 9443-44	12	Beijnes	Heemaf	W			88	1932
		C 9445-47	12	Werkspoor	Heemaf	W			88	1932

6-Rijtuigtrein Amsterdam - Rotterdam (foto 1928 Halfweg)

Verdere gegevens materieel:

Benaming:	Serie:	in dienst:	Gewicht rijtuig ledig ton:	Type draaistel	Gewicht/ton draaistel
mABD	9001-9004	1927	63	M	13
mBD	9001-9030	1924-1929	61	M	13
mB4D	9151-9161	1931	63	W	14.5
mC	9001-9038	1924-1929	60	M	13
mCd	9401-9424	1928-1929	62	M	13
mCd	9425-9442	1931	62	W	14.5
mCd	9443-9447	1932	64	W	14.5
mCD	9101-9127	1941-1949	60	M	13
mC4D	9151-9161	1946-1949	62	W	14.5
mP	9201-9213	1956-1960	59	M	13
mP	9221-9228	1957-1960	59	W	14.5
mP	9231-9234	1958	59	M	13
Aec	8501-8527	1923-1929	39	L	6.5
ABecm	8501-8511	1931	43	V	7
ABec	8501-8527	1941-1945	41	L	6.5
ABec	8521-8524	1935-1938	39	L	6.5
ABec	8531-8548	1941-1943	40	L	6.5
ABec	8549-8550	1944	41.5	V	7
Bec	8501-8531	1923-1929	40	L	6.5
Bec	8532-8533	1931	40	V	7
Ces	8101-8103	1927	39	L	6.5
Cesc	8107-8110	1935	41.5	L	6.5
Cec	8501-8536	1923-1929	40	L	6.5
Cec	8537-8555	1931	40	V	7
Ce8c	8595-8600	1935	40	L	6.5

Electrificatie en stroomvoorziening

Electrificatie

Het van jaar op jaar toenemende aantal reizigers op de reeds 10 jaar bestaande Hofpleinlijn, was nog tijdens de eerste wereldoorlog voor de HSM een vingerwijzing op de ingeslagen weg van de electrificatie voort te gaan. Met electrische tractie kunnen vervoersstoten en eventuele schommelingen in de verkeersbehoeften eenvoudiger en in sneller tempo worden vereffend. De tijd waarin een electrische trein zijn maximumsnelheid bereikt is korter dan de tijd die een stoomtrein daarvoor nodig heeft, de rangeerbewegingen aan de eindstations zijn met gesloten treinen eenvoudiger waardoor de capaciteit van de stations en van de verschillende baanvakken kan worden vergroot.

De electrische Hofpleinlijn van 1908 was als een proef van de Siemens Schuckert Werke te beschouwen en ondanks de aanvankelijk vele technische gebreken die aan materieel en baan kleefden, kwam de HSM tot de voor haar merkwaardige ontdekking, hoeveel reizigers er met een beperkt aantal rijtuigen konden worden vervoerd als gevolg van de bovengenoemde feiten. Ook technisch en financieel waren de ZHESM-resultaten steeds beter geworden. De vele ervaringen die de Maatschappij met de exploitatie van de ZHESM-lijnen had opgedaan, deden haar besluiten om na de wereldoorlog van 1914 haar oude stamlijn Amsterdam – Rotterdam te electrificeren.

Reeds in 1917 werd door de HSM de aandacht van de deskundigen gevraagd voor electrificatie van de lijn Amsterdam – Rotterdam. Met voortvarendheid werd het plan in behandeling genomen. In juli 1918 besloot de HSM-directie aan een (eerste) commissie opdracht te geven om de electrificatie van de lijnen Amsterdam – Amersfoort en Amsterdam – Den Haag te bestuderen. Een jaar later was deze commissie met haar rapport gereed en zij adviseerde het eindpunt Den Haag HSM te verleggen naar Rotterdam DP. Met de electrificatie van Amsterdam – Rotterdam is het tevens de bedoeling geweest ook de lijn Amsterdam – Amersfoort te electrificeren. De twee grote forensengebieden waren dan gelijktijdig van een snellere dienst voorzien; de treinen uit de richting Haarlem konden met een kort oponthoud te Amsterdam CS doorrijden in de richting Amersfoort en omgekeerd. Bovendien stelde de commissie voor om in de komende 10 jaar nog de volgende baanvakken te electrificeren:

Haarlem – Zandvoort
Haarlem – IJmuiden
Velsen – Uitgeest
Amsterdam – Uitgeest
Utrecht Buurtstation – Amersfoort
Den Dolder – Baarn
Hilversum – aansluiting Blauwkapel
Maartensdijk – Bilthoven (nieuwe lijn)
Bilthoven – Zeist
Schiedam – Maassluis

De electrificatie van Amsterdam – Amersfoort bleef niettemin een omstreden vraag. Het geheel was een minimum electrificatieplan van een groot aantal korte spoorlijnen in midden Nederland met een uitloper in Noord-Holland tot Uitgeest. Uiteindelijk besliste de HSM-Directie, dat in verband met financiële bezwaren met daarnaast de electrificatieplannen van de Gooische Stoomtram Maatschappij, de lijn Amsterdam – Amersfoort niet zou worden geëlectrificeerd maar alleen de lijn Amsterdam – Rotterdam. Van enkele zijden werden bezwaren tegen de electrificatie van deze lijn naar voren gebracht. Men vond, dat met de toenmalige stoomtractie en frequentie het verkeer afdoende kon worden behandeld. In de verdere ontwikkeling van deze electrificatieplannen werd vastgelegd, dat eerst de ZHESM-lijnen dienden te worden verbouwd. Tenslotte zouden er dan proeven met electrische sneltrein- en goederentreinlocomotieven kunnen worden genomen.
Het plan voor electrische tractie op de Gooilijn van de NS zou eerst ca. twintig jaar later wederom aan de orde komen.
Toen de Directie de electrificatie van Amsterdam – Amersfoort had afgewezen, verviel tevens de electrische tractie op de baanvakken Utrecht Buurtstation – Amersfoort/Hilversum en op de locaallijnen naar Zeist en Baarn. Immers deze lijnen zouden dan een stukje geïsoleerd electrisch spoorwegnet vormen. Uit exploitatie oogpunt bezien, zou dit een minder gelukkige en moeilijker dienstuitvoering geven.
In het jaar 1926 namen de Nederlandse Spoorwegen nog het besluit ook de lijn Haarlem – IJmuiden en Rotterdam DP – Schiebroek (een gedeelte van de verbindingsbaan om Rotterdam) te electrificeren. Dit laatstgenoemde baanvak was nodig, om na invoering van de electrische tractie, de treinstellen vanuit Leidschendam/Voorburg via de Hofpleinlijn en de verbindingsbaan Rotterdam DP te kunnen doen bereiken.
Na het gereedkomen van de electrische lijnen in Noord-Holland, waartoe in april 1929 werd besloten, heeft de electrificatie vele jaren stilgestaan in verband met de hoge stroomprijs van de gemeentecentrales in het westen. Deze prijzen maakten aldaar geen rendabele exploitatie mogelijk. Eerst toen de provinciale centrales van het middennet bereid werden gevonden de stroom tegen redelijke prijs te leveren is tot electrificatie van het middennet besloten. Het electrificeren van de lijnen Rotterdam DP – Dordrecht, Schiedam – Hoek van Holland en Haarlem – Zandvoort Bad, alles tezamen nog geen 55 km, is meer te beschouwen als verlenging van bestaande lijnen zonder dat nieuwe centrales voor de stroomlevering nodig waren.
Ook het gestroomlijnde materieel, waardoor het stroomverbruik belangrijk minder werd (ca. 30 %), gaven de electrificatie nieuwe kansen. Het verdere plan was dan ook om de baanvakken Amsterdam CS – Hilversum – Amersfoort/Utrecht en Amersfoort – Utrecht einde 1941 gereed te hebben.
Reeds voor de oorlog van 1939 werd door de Nederlandse Spoorwegen bij monde van ir. W. Hupkes en in samenwerking met de Nationale Maatschappij van Belgische Spoorwegen de mogelijkheid bestudeerd voor het doorgaande verkeer met electrische NS-treinstellen tussen Amsterdam CS en Brussel. De in België gebruikte spanning van 3.000 volt gelijkstroom, reeds toegepast op het baanvak Antwerpen – Brussel, behoefde voor het doorrijden geen overwegende technische moeilijkheden te geven. De NMBS voelde echter niet veel voor electrificatie van Roosendaal – Antwerpen. De stoomtractie kon ruimschoots in de behoeften voorzien.

In 1952 kwam de doorgaande electrische treinverbinding Amsterdam – Antwerpen – Brussel opnieuw ter sprake waarbij ook Maastricht – Luik aan de orde kwam. Nog in hetzelfde jaar verklaarde de Nederlandse Regering dat de electrificatie van Roosendaal – Antwerpen voorgoed van de baan was.
Niettemin werd van NS-zijde opnieuw getracht dit grensbaanvak te electrificeren, temeer nu ook tussen Dordrecht en Roosendaal electrisch werd gereden. De NMBS scheen vooralsnog niet veel interesse in dit electrificatie-plan te hebben. Om het de Belgische Maatschappij wat aantrekkelijker te maken stelde NS voor, dat zij het emplacement Esschen zouden electrificeren. Een en ander leidde ertoe, dat in 1954 overeenstemming tussen NS en NMBS werd bereikt met betrekking tot de electrificatie Roosendaal – Antwerpen in gezamenlijke uitvoering.
Direct na de tweede wereldoorlog stond de NS voor het probleem het zwaar beschadigde spoorwegnet plus materieel en bijbehorende outillage voorlopig geheel op te bouwen voor stoomtractie en daarna te gaan electrificeren, eventueel met wisselstroom of aanstonds alles te gaan electrificeren wat opgebouwd moest worden. Dit betrof dan de her-electrificatie en verdere uitbreiding van de electrische tractie. Daarmee diende men te accepteren dat, hoe snel deze electrificatie ook zou worden uitgevoerd, er toch perioden te overbruggen zouden zijn waarin men wel concessies aan service en accommodatie diende te geven. Men koos niettemin de laatste methode. Mede gegeven het feit, dat er nu zo snel mogelijk – electrisch – moest worden gereden bleef het 1500 volt gelijkstroom-systeem gehandhaafd.

Stroomstelsel

De HSM-commissie 1918 had in haar rapport het voorstel gedaan als stroomstelsel de éénfase wisselstroom met 15.000 volt spanning en 16 ⅔ periode te kiezen zoals in Duitsland gebruikelijk.
De kwestie van de electriciteitsvoorziening was niettemin, mede in verband met eventuele verdere uitbreidingen, te belangrijk om niet nog eens aan speciale bestudering te worden onderworpen. Hiertoe werd door de Directie van de HSM, in overleg met de Minister van Waterstaat, in januari 1920 een tweede commissie (Barnet Lyon) benoemd.
Er waren twee belangrijke punten waaromtrent een beslissing moest worden genomen, namelijk:

1. welk stroomstelsel (gelijkstroom, drie-fasen draaistroom of éénfase wisselstroom).
2. eigen centrales van de spoorwegen of electriciteit betrekken van bestaande/ eventueel nog te bouwen algemene centrales.

Na een uitvoerige studie in Europa en Noord-Amerika en op grond van verschillende belangrijke technische overwegingen, doch in afwijking van het eerst gegeven advies, stelde de commissie Barnet Lyon voor het gelijkstroomsysteem van 1500 volt te aanvaarden, mede in verband met de landselectrificatie. Dit stroomstelsel was onder andere in gebruik bij de Chicago Milwaukee and St. Paulspoorweg. Voor het langere afstandsverkeer en de internationale treinen zou voorlopig de stoomlocomotief nog worden aangehouden.
De toepassing van het draaistroomstelsel, dat speciaal in de bergachtige streken van N.W. Italië ingang heeft gevonden, eist een dubbelpolige bovenleiding. Het aanbrengen boven ieder spoor van twee van elkaar geïsoleerde rijdraden maakt de ophanging van de bovenleiding, speciaal bij wissels en kruisingen, vrij ingewikkeld en kostbaar. Hierdoor wordt het financiële voordeel van de „motor met

draaiend magnetisch veld", kortweg draaistroommotor genoemd, weer zeer beperkt. Dit type motor heeft, althans bij lagere vermogens, geen collector en sleepringen nodig. Verder munt hij uit door grote eenvoud en lichte constructie. Hij kan bovendien geruime tijd belangrijk worden overbelast.
Was het eind 1920 nog de vraag of en in hoeverre ten aanzien van de electrificatie van de spoorwegen verband moest worden gezocht met de algemene electriciteitsvoorziening van Nederland, begin 1921 bestonden daaromtrent geen twijfels meer. Er werd toen een wetsontwerp voor de stroomvoorziening van ons land ingediend, waarbij enige grote centrales geheel Nederland van electriciteit zouden voorzien. De spoorwegstroomvoorziening zou eveneens door deze algemene centrales geschieden. De Regering had nu eenmaal beslist, dat het algemeen belang geen afzonderlijke spoorwegcentrales toestond.
Naar aanleiding van dit wetsontwerp, vestigde men in sommige kringen er de aandacht op, dat in Nederland het voordeel van spoorwegstroomvoorziening door algemene centrales, wel erg naar voren werd geschoven. Men stelde als voorbeeld hiertegenover Zwitserland en Duitsland waar de spoorwegen zelf centrales hebben en daarmee baas in eigen huis blijven.
In 1921 werd het besluit genomen, het gelijkstroomstelsel voor de lijn Amsterdam – Rotterdam te accepteren en gelijktijdig tot dienovereenkomstige verbouwing van de ZHESM-lijnen over te gaan. Door een wijziging in de werkmethode van de verbouwing, kon tenslotte toch eerst de ZHESM worden gewijzigd vóór de nieuwe lijn gereed was.
Het voorstel om de ZHESM-lijnen ongewijzigd te laten rijden met wisselstroom – dan te betrekken van bestaande algemene centrales – en daartegenover op de lijn Amsterdam – Rotterdam het nieuwe gelijkstroomstelsel te proberen, kon weinig sympathie verwekken. Het exploiteren van twee stroomsystemen naast elkaar, heeft bovendien uit exploitatie-overwegingen wel ernstige bezwaren, temeer waar beide lijnen elkaar te Den Haag HSM raken. Al waren er dan geen technische moeilijkheden te overwinnen – kruisingen à niveau tussen ZHESM en de nieuwe electrische spoorweg kwamen niet voor – door de dienstuitvoering met twee streng gescheiden materieelsoorten uit te voeren, werd de exploitatie niet eenvoudiger. Altijd bleef de kleine ZHESM een eigen onderhoudsdepot, eigen reserve delen, een eigen werkplaats, tenminste een eigen gedeelte ervan, opeisen. En altijd bleef de kans op ernstige materiële schade bestaan eventueel met persoonlijke ongelukken, indien een treinstel van de ene soort abusievelijk op de baan van het andere stelsel terechtkwam.
Bij aanvaarding van het één-fase wisselstroomstelsel, zoals dat bij de spoorwegen in Zweden, Zwitserland en Duitsland wordt toegepast, had men tot een hogere spanning en een lager aantal perioden (15.000 volt bij 16 ⅔ perioden) besloten dan bij de ZHESM (10.000 volt bij 25 perioden) was toegepast. De ervaring had geleerd, dat een lager periode-tal gunstiger was voor de constructie van de electromotoren, zodat het ZHESM-materieel toch had moeten worden gewijzigd.
De keuze van het stroomstelsel heeft in de tien jaren van voorbereiding (1917-1927) en ook nog wel nadien, veel stof doen opwaaien. De gehele strijd in deze kwestie bleef in hoofdzaak gaan om het cardinale punt: gelijkstroom of wisselstroom. Een nadeel van het gelijkstroomstelsel met een spanning van 1.500 of 3.000 volt, vormen de hoge kosten van de vaste installaties (vele onder- en schakelstations, zwaardere rijdraad met zwaardere ophanging daarvan als gevolg van de lage spanning en het hoge ampèriage).
De NS zijn momenteel „the point of no return" gepasseerd en teruggaan op de

gelijkstroomweg is niet anders mogelijk dan ten koste van vele honderden miljoenen guldens, nog afgezien van allerlei praktische bezwaren die een dergelijke verbouwing, noodzakelijkerwijze uit te voeren in kleinere gedeelten, met zich mee brengt. Het op eenvoudige wijze omvormen van gelijkstroom in draaistroom op de locomotief zelf anders dan met een motorgenerator, was in de jaren 40 nog niet aan de orde.
Deze „battle of systems" getuigde er mede van dat in de verschillende landen die zich in de twintiger jaren met spoorwegelectrificatie bezighielden, een zekere zelfgenoegzaamheid was gegroeid met betrekking tot het in eigen land toegepaste systeem.
Eerst een aantal jaren na de tweede wereldoorlog zien wij een beginpoging om tot erkenning van de verdiensten van een ander dan het eigen systeem te komen. Onder leiding van NS kwam de ORE, het onderzoek- en beproevingsbureau van de diverse spoorwegmaatschappijen, tot stand. Deze maatschappijen waren reeds aangesloten bij de belangrijkste internationale spoorwegorganisatie, de UIC (Union Internationale des Chemins de fer). Een en ander was de eerste stap op de weg om te geraken tot coördinatie en standaardisatie van materieel en stroomvoorziening.
Daarnaast kwamen nog de Europ-goederenwagens. Zij behoren tot het gezamenlijke wagenpark van 9 verschillende landen voor wederzijds gebruik waarbij de wagens het eigendom blijven van de inbrengende maatschappijen.

Stroomlevering

In 1922 was er nog geen definitieve beslissing gevallen inzake de wijze waarop de gelijkstroomlevering voor het baanvak Amsterdam – Rotterdam zou geschieden. Het aanvankelijke NS-plan was om het nieuwe onderstation Loolaan aan te sluiten op de bestaande NS-centrale te Leidschendam. Het reserve machinevermogen aldaar kon worden gebruikt om de Loolaan van stroom te voorzien.
Leidschendam zou worden verbouwd en ingericht met moderne machines om draaistroom van hoge spanning en 50 perioden te leveren voor de onderstations van de ZHESM-lijnen en het baanvak Rotterdam DP – Hillegom. Het traject Hillegom – Amsterdam (Haarlem – IJmuiden was nog niet in het programma opgenomen) zou gevoed worden door een nieuwe eigen centrale of eventueel door de PEGEM te Amsterdam.
Later werd beslist dat de stroomlevering voor de electrische baanvakken als volgt zou worden geregeld:

Centrale:	NS-onderstation:	Baanvak:
GEW Amsterdam PEN (centrale Hoogovens) te Velsen 50.000 volt draaistroom	Amsterdam Oostzaanstraat Haarlem Lisse	Amsterdam-Voorhout Haarlem-IJmuiden
GEB Den Haag 10.000 volt draaistroom	Leiden Den Haag Loolaan Delft	Voorhout-Kethel Pijnacker-Den Haag HSM-Scheveningen Kurhaus
GEB Rotterdam 5.000 volt draaistroom	Schiebroek	Kethel-Rotterdam DP Rotterdam DP-Schiebroek Pijnacker-Rotterdam Hofplein

Het Gemeentelijk Electriciteitsbedrijf te Haarlem (de 3e electrische centrale van de PEGEM, GEW Amsterdam en PEN Velsen waren de beide anderen) nam geen deel aan de stroomvoorziening; wel het transformatorstation Haarlem van deze onderneming. Dit station wordt gevoed door een 50.000 volt leiding van de GEW te Amsterdam en het PEN te Velsen en levert een spanning van 10.000 volt aan de onderstations te Haarlem en Lisse. Bij de verdere electrificatie van Noord-Holland ging dit transformatorstation ook nog stroom leveren aan het NS-onderstation te Santpoort.
De proefritten met het nieuwe electrische buffermaterieel begonnen in april 1924 op het proefbaanvak Den Haag HSM – Leiden met stroomlevering van het onderstation Loolaan.

Landselectrificatie

In de jaren direkt na de oorlog van 1914-1918 toen alles uitvoerbaar werd geacht en vele grootse plannen, althans op papier, werden uitgevoerd, bestond in regeringskringen warme belangstelling voor de landselectrificatie. Hierbij zouden de grote centrales onderling door een hoogspanningsnet worden verbonden. Al werd het regeringsplan van landselectriciteitsvoorziening eind 1921 weer op de achtergrond gedrongen door intrekking van het betreffende wetsontwerp, de spoorwegen behielden de eens gekozen gelijkstroom van 1.500 volt. Na de laatste oorlog werd wederom in de richting van de landselectrificatie gewerkt. Thans is deze voltooid, waarbij inbegrepen een hoogspanningskoppelnet – voor een groot deel bovengronds – dat de circa 1½ dozijn landscentrales, waaronder de beide Donge-centrales in 1952, resp. 1956 nog uitgebreid met de 2 grote Amer-centrales, met elkaar verbindt.
Bij de electrificatieplannen van het resterende spoorwegnet, waaraan tijdens de afgelopen oorlog met energie werd gearbeid, zal de huidige algemene electriciteitsvoorziening zoals deze door de overheid wordt gewenst, ook de spoorwegen ten voordele strekken.
In 1926 was de mooie en nog maar 18 jaar oude machine-installatie te Leidschendam/Voorburg als vervallen te beschouwen. Het was nu eenmaal de wens van de overheid dat de spoorwegen geen eigen centrales meer zouden hebben. De gehele afschrijving van deze installatie was dus bij elk gekozen stroomstelsel gebeurd.
De stroomvoorziening zoals die bij de NS wordt toegepast, komt in principe hierop neer, dat door provinciale en gemeentelijke electriciteitsbedrijven 3-fasen draaistroom van als regel 10.000 volt spanning en 50 perioden wordt opgewekt. In het midden van de vijftiger jaren, toen de blokkendozen hun dienst als electrisch treinstel in het personenverkeer zagen eindigen, waren er 10 centrales (Groningen, Leeuwarden, Zwolle, Hengelo, Heerlen, Leiden, Utrecht, Schiedam, Vlissingen, Geertruidenberg met de Donge- en Amercentrales die stroom aan de NS leverden.
Deze hooggespannen draaistroom wordt via enkele verdeel- (Zwolle en Hengelo) en meerdere transformatorstations van de electriciteitsbedrijven in de vele NS-onderstations eerst getransformeerd in 1500 volt draaistroom en daarna gelijkgericht. De aldus verkregen gelijkstroom van 1500 volt wordt aan de bovenleiding toegevoerd.
Alleen de centrale te Schiedam levert een stroom van 25.000 volt rechtstreeks aan de NS-onderstations te Schiedam, Maassluis, de Haak, Schiebroek en Moor-

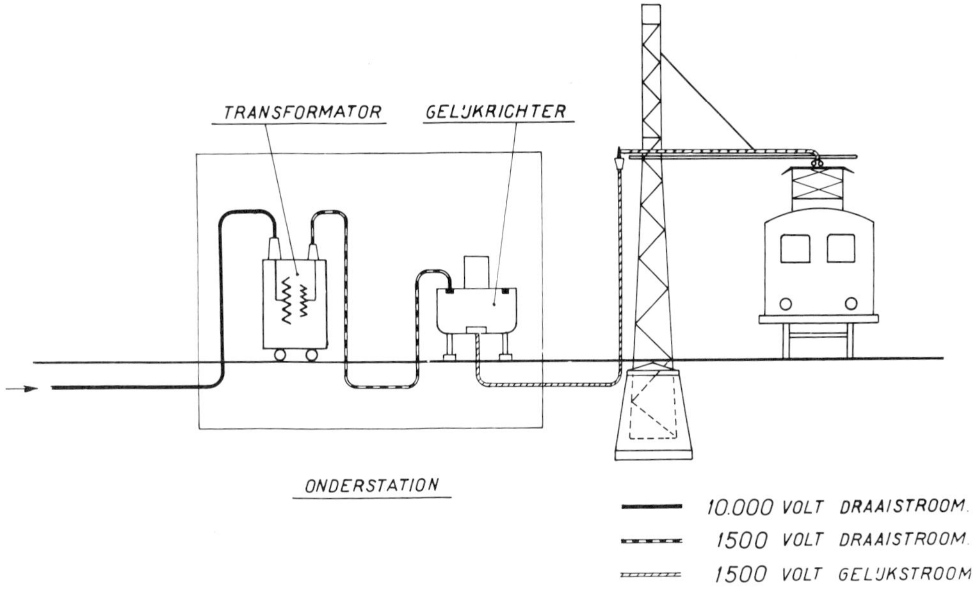

Principe stroomvoorziening. (tek. NS)

drecht. Via het transformatorstation Barendrecht loopt er een 25.000 volt leiding naar Rotterdam Zuid en Zwijndrecht. Dergelijke rechtstreekse verbindingen, nu voor 10.000 volt spanning, lopen er ook van enige andere centrales naar de uitsluitend nabij gelegen NS-onderstations.

Onderstations

Om wisselstroom in gelijkstroom om te zetten, waren tot na de vorige oorlog uitsluitend draaiende omvormers in gebruik, d.w.z. een draaistroommotor dreef een gelijkstroomgenerator. Voor de zeven onderstations van de oude lijn en de ZHESM werden dan ook dergelijke omvormers besteld. Reeds in 1924 werden er 2 geleverd ten behoeve van het eerste onderstation te Den Haag Loolaan voor het baanvak Den Haag HSM – Leiden.
Eén van deze omvormers was geleverd door de firma Smit, de andere was een Amerikaanse omvormer van de General Electric. Spoedig daarna werden er als proef, mede op initiatief van prof. I. Franco, sinds 1916 Chef van de Dienst van Tractie en Materieel der SS, later Materieel en Werkplaatsen en der electrificatie NS, nog 2 kwikdampgelijkrichters van de Brown Boverie Company bij geplaatst. Het nuttig rendement daarvan steeg in vergelijking tot de draaiende omvormers van 93 % tot ca. 99 %. Gezien dit succes en de inmiddels bewezen betrouwbaarheid van gelijkrichters, werden alle andere ontworpen draaiende omvormers vervangen door gelijkrichters. In het algemeen kan worden gezegd, dat in de onderstations van de oude lijn drie gelijkrichters zijn opgesteld, van de Noordhollandse, de oostelijke en de in de vijftiger jaren geëlectrificeerde lijnen één en van de overige lijnen twee. In verband hiermee is de afstand van deze stations tussen Amsterdam en Rotterdam ca. 15 km en in Noord-Holland nog geen 8 km. Op het middennet en de nieuwe lijnen is de afstand ongeveer 18 km. Toen de Noordhollandse lijnen in 1931 werden geëlectrificeerd is er eveneens

Onderstation NS Leiden. (foto NS)

nog een onderstation te Beverwijk geweest. In latere jaren is daar de gelijkrichter verwijderd waardoor dit onderstation werd gedegradeerd tot schakelstation. Hetzelfde geldt ook voor het vroegere onderstation Onze Lieve Vrouwe ter Nood (het voormalige Ranxputte).
De vaste onderstations zijn alle volgens enige uniforme modellen gebouwd. Alle vaste onderstations hadden een eigen spooraansluiting ten einde zonodig transformatoren en gelijkrichters gemakkelijk per spoorwagen te kunnen aan- en afvoeren. Bovendien biedt dit spoor gelegenheid tot plaatsing van een gelijkrichterwagen.

Gelijkrichters

De gelijkrichters kunnen worden verdeeld in kwikdamp- en siliciumgelijkrichters. De kwikdampgelijkrichters komen voor met en zonder vacuümpompen maar ook water- of luchtgekoeld. Bij de verdere electrificatie beschikte de NS over:
1. watergekoelde kwikdampgelijkrichters met vacuümpomp
2. luchtgekoelde kwikdampgelijkrichters met vacuümpomp
3. luchtgekoelde kwikdampgelijkrichters zonder vacuümpomp

In 1965 werd te Krommenie/Assendelft de eerste kwikdampgelijkrichter vervangen door een silicium gelijkrichter. Hierbij speelde ook de kostprijs een belangrijke rol. Van deze gelijkrichtervervanging werd gebruik gemaakt om de bovenleidingspanning op te voeren tot maximum 1.700 volt. Immers de transformatoren bij de onderstations dienden bij wijziging van gelijkrichter mee te worden verbouwd waardoor tot bovengenoemde spanningsverhoging kon worden overgegaan. Tevens verwachtte men hiermee de spanningsval te verkleinen. Bij de in 1966 te Hengelo, Enschede en Oldenzaal geplaatste silicium-gelijkrichters werd de maximum spanning opgevoerd tot 1.800 volt. De laatste kwikdamp verdween in 1976 uit het onderstation Den Helder. Bij de onderstations staan de gelijkrichters binnen, de transformatoren kunnen buiten staan.
Een ander voordeel is nog, dat een defecte silicium-gelijkrichter snel kan worden gerepareerd met lichte onderdelen. Een kwikdampgelijkrichter behoefdc een veel

langere herstellingstermijn en dan was voor tijdelijke vervanging een gelijkrichterwagen nodig. Deze zijn voor de nieuwe gelijkrichters niet meer nodig. Maar dat opent tevens de mogelijkheid om het aansluitspoor naar het onderstation te laten vervallen. Ook dit brengt weer een belangrijke besparing met zich mee omdat de beveiliging van deze aansluitsporen niet meer nodig is. Deze sporen lagen dikwijls in de vrije baan en eisten daarom een gecompliceerde beveiliging.

Gelijkrichterwagens

De NS beschikte nog over een gelijkrichterwagen No. 1 die in 1938 werd verbouwd van de vier-assige bagagewagen D 6013. De wagen bevat een transformator met gelijkrichter en bijbehorende apparatuur. De bedoeling van deze wagen was om tijdelijk van elk der onderstations het vermogen te kunnen uitbreiden of vervangen, hetgeen door een verplaatsbare inrichting gemakkelijk kon worden bewerkstelligd. Werd de gelijkrichterwagen hiervoor niet gebruikt, dan was hij geplaatst in een speciaal daarvoor gebouwde ruimte aan het vaste onderstation Den Haag SS om aldaar aan de stroomlevering deel te nemen.
In de bezettingstijd werd een tweede gelijkrichterwagen No. 2 in dienst gesteld, gebouwd op het onderstel van de in de oorlog van 1940 vernielde C 5116. De aanbouw hiervan was bedoeld om het in deze tijd door brand vernielde vaste onderstation Schiedam tijdelijk te vervangen. In het nieuw gebouwde onderstation Schiedam brak op 1 juni 1948 wederom brand uit.
De gelijkrichterwagens 1 en 2 waren uitgerust met een BBC-gelijkrichter. Tijdens de spoorwegstaking verdwenen beide wagens naar Duitsland, alleen de 1 keerde na de oorlog vrijwel onbeschadigd uit Innsbruck terug, de 2^{I} is nooit teruggekomen.
In 1948 werd opdracht gegeven tot de bouw van nog twee van dergelijke wagens, No. 3 en 4 (in dienst 1949) met Engelse General Electric Company gelijkrichters, te plaatsen op de ingekorte onderstellen van BC 6010 en C 6071, thans met zwanenhals motordraaistellen (maar zonder motoren) van materieel 24. Nu was de 3 weer minder ingekort dan de 4!
Deze GEC-gelijkrichters zijn de eerste die als proef zonder vacuümpompen bij de NS werden geplaatst. Het eerste vaste onderstation waar een dergelijke gelijkrichter werd opgesteld was Kootwijk, in januari 1951 in bedrijf genomen.
Met de voortschrijdende electrificatie werden in 1952 nog de gelijkrichterwagens 5 en 6, overeenkomstig de 4 en gebouwd – althans theoretisch – op de onderstellen van C 6034 en C 6136 met de zwanenhals-draaistellen van de te Crailoo neergezette bakken B 9929 en C 9909, in bedrijf genomen.
Met het einde van de dienst van het electrische buffermaterieel kwamen er in 1957 nog 2 gelijkrichterwagens bij, de 2^{II} en de 7, praktisch gelijk aan de 3 en gebouwd op nieuwe onderstellen.
Nog in 1957 kregen deze 1-7 de dienstwagen-nummers 165 551 – 557. Zij werden eind zestiger jaren vernummerd in 3084 9741 600-5 t/m 606-2.

Schakelstations

Tussen de diverse onderstations zijn gewoonlijk nog schakelstations gebouwd met dien verstande, dat als regel de oude lijnen tussen ieder paar onderstations één schakelstation hebben staan, het middennet en de nieuwe lijnen twee. Ook aan het eindstation te Zandvoort Bad staat nog een schakelstation.
Deze gebouwtjes zijn alle volgens een aantal modellen ontworpen. Alleen het

Schakelstation Baarn. (foto NJvWJ, 15.8.48)

Schakelstation Vught. (foto NJvWJ, 23.9.48)

schakelstation te Vught was van een geheel afwijkende bouw. De gemeente Vught kon niet accoord gaan met de bouw van het normale hoge rechthoekige schakelstation met plat dak, doch wenste dit gebouw met een hellend pannendak. Teneinde deze esthetische wensen niet te kwetsen, bouwde de NS aldaar een uiterlijk geheel afwijkend schakelstation. Aan de voorzijde hiervan werd een gevelsteen aangebracht met de wijze woorden:

Van binnen nieuw
Van buiten oud
Zoo wil ons Vught
Dat wordt gebouwd.

In verband met de korte afstand van de onderstations zijn in Noord-Holland geen schakelstations gebouwd, doch is de inrichting daarvan mede in de onderstations aangebracht. Met de electrificatie van de lijn Den Dolder – Baarn in 1948 werd nog een schakelstation nabij Den Dolder gebouwd.
Eenvoudig gezegd is het de taak van de schakelstations om bij storing, zoals kortsluiting, de maximaal automaat bij een bepaald amperiage te doen uitslaan. Gezien de afstand tussen de onderstations op de oude lijn en het middennet, is onder bepaalde omstandigheden, het aantal ampères waarop deze automatische schakelaar uitvalt, lager dan de stroomsterkte die erdoor zou vloeien indien een wat groter aantal treinen zou aanzetten. Dit betekent dus, dat deze snelschakelaar, afgesteld op bovenbedoelde kortsluitstroom, uitvalt bij ieder aanzetten van een groot aantal treinen.
Dit geeft dan storing en treinvertraging. Teneinde dit uitvallen te voorkomen, moest de kortsluitstroom belangrijk sterker zijn, althans belangrijk hoger dan de meergenoemde „aanzetstroomsterkten". Om dit te bereiken diende o.a. de afstand tussen de onderstations te worden verkort, hetgeen bereikt werd door tussenplaatsing van een schakelstation. Tevens spelen de schakelstations nog een rol bij de parallelschakeling van de bovenleiding van het in electrisch opzicht van elkaar gescheiden opgaande- en afkomende spoor en bij de ijzelschakeling. Bedieningspersoneel is in de schakel- en onderstations niet aanwezig.

Storingbureaus en -posten

De diverse noodzakelijke schakelingen in onder- en schakelstations werden op afstand door het dichtstbij zijnde stations- of seinhuispersoneel uitgevoerd, alles na ontvangen telefonische opdracht van het technische personeel van de storingbureaus. Deze waren gevestigd te Leidschendam/Voorburg, Haarlem, Uit-

geest en Utrecht; na de oorlog te Rotterdam, Amsterdam, Utrecht en Eindhoven. Aldaar beschikte men over uitvoerige tableaus waarop nauwkeurig de stroomloop van centrales via transformatorstations en onderstations naar de bovenleiding en schakelstations met alle aanwezige schakelaars is aangegeven. Men zorgt op dit tableau steeds voor een getrouwe weergave van de werkelijke stand van deze schakelaars. Het geheel werd nog verduidelijkt door iedere op het net onder spanning staande sectie op het tableau weer te geven met het laten gloeien van een rood lampje.
Bij het wegvallen van de spanning door storing, op welk gedeelte of welke gedeelten van het net ook, kan men met één oogopslag overzien, door welke andere schakeling de betrokken sectie(s) weer onder spanning kunnen worden gebracht. Hierna kan men telefonisch het betreffende stations- of seinhuispersoneel instrueren. Dit voert dan de nodige schakelingen in het onderstation op afstand uit.
De electrificatie van het oosten en het noorden maakte nog een vijfde storingbureau nodig. Dit werd ingericht te Zwolle. In afwijking van de vier naoorlogse bureaus, is te Zwolle de lange-afstandsbediening ingevoerd. Dit bureau verricht de diverse schakelingen in de onderstations van de noordelijke provinciën, Twenthe en de Arnhemse lijn rechtstreeks zonder tussenkomst van enig ander personeel. Ook de signalering van de stand der apparatuur in de onder- en schakelstations uit het noordelijke deel van Nederland geschiedt hier geheel automatisch.
Naast deze vijf storingbureaus waren er nog een aantal storingsposten. Deze waren gevestigd te Sittard, Roosendaal, 's-Hertogenbosch, Arnhem, Gouda, Den Haag, Amersfoort, Deventer, Hengelo, Haarlem, Groningen, Leeuwarden. Zowel de storingbureaus als de storingsposten beschikten over een montagewagen met locomotor om bij de eerste melding van een onregelmatigheid aan de bovenleiding direkt beschikbaar te zijn.
Ook het verhelpen van storingen in de materieelomloop behoorde tot de taak van de storingbureaus.
Sinds november 1933 is het gedurende meerdere winters gewoonte geweest om een paar ledige materieel-1924 stellen die omstreeks 17.30 uur van Amsterdam Revisieloods naar Amsterdam CS liepen, door een stoomlocomotief te laten binnen brengen. Dit stond in verband met het feit, dat het stroomverbruik op dit uur van de dag, speciaal gedurende de donkere maanden december en januari, dermate groot was, dat eerder overbelasting van het onderstation Amsterdam Oostzaanstraat zou kunnen ontstaan, waardoor deze treinen van stroomverbruik werden uitgesloten.

Ophanging rijdraad

Met betrekking tot de ophanging van de rijdraden, zijn er een drietal constructies die bij de NS zijn beproefd. Teneinde voor het aantal op te nemen ampères de doorsnede van de rijdraad niet te groot te maken, worden als regel boven een hoofdspoor 2 draden van kleinere doorsnede gebruikt die door brugstukken met elkaar zijn verbonden. De afstand van de beide rijdraden was indertijd 100 mm, thans is deze teruggebracht tot 40 mm. Het verdient aanbeveling op recht spoor de rijdraden niet doorlopend midden boven de spoorstaven op te hangen. De stroomafnemer zal dan te lang steeds met hetzelfde gedeelte van de metaal- of koolcontactstrippen van het sleepstuk langs de draad glijden en

Rijdraadophanging. (foto NS)

daar sterk gaan uitslijten, terwijl de buitenzijde van de strippen veel minder aan slijtage onderhevig is.
Teneinde deze ongelijkmatige slijtage te voorkomen, worden de onderling evenwijdige twee rijdraden zig-zag boven het spoor opgehangen. Bij de ene bovenleidingmast is de afstand tot hartafstand van de beide rijdraden 600 mm minder dan bij de volgende mast. Voor de derde mast komt weer de eerstgenoemde afstand in aanmerking. Op deze wijze voortgaande, slijten de contactstrippen van

de stroomafnemers over een breedte van ruim 600 mm gelijkmatiger af. De dubbele bovenleiding wordt opgehangen aan het midden van de brugstukken.
Een variant op de zig-zag ophanging is de Amerikaanse ophanging. Dit systeem werd door de NS van de Chicago Milwaukee and St. Paulspoorweg overgenomen en over een afstand van 5,5 km toegepast op het proefbaanvak Leiden – Den Haag. De resterende kilometers van dit traject waren met de hiervoor genoemde normale zig-zag ophanging uitgerust.
De benaming Amerikaanse ophanging is eigenlijk onjuist. Reeds in 1902 was door ir. von Kando, ingenieur bij de firma Ganz & Co. te Budapest, dit systeem gepatenteerd. Hierbij wordt de dubbele bovenleiding niet aan de brugstukken opgehangen, maar de ene keer aan de ene rijdraad en de volgende keer aan de andere. Men bereikt hiermee, dat de stroomafnemer steeds een goed contact maakt met de niet opgehangen en dus enigszins doorhangende rijdraad. Alleen bij de masten op de vrije baan en recht spoor wordt thans nog door de NS slechts één van de rijdraden van de bovenleiding aan de afstandhouder bevestigd. Dit is dan overgebleven van de Amerikaanse rijdraadophanging.
Een derde wijze van bovenleiding aanbrengen is die van de „wespentaille". Hierbij lopen beide rijdraden boven één spoor niet meer evenwijdig met elkaar. Op constante afstanden zijn de draden dicht bij elkaar of ze gaan enige decimeters uit elkaar. Men bereikt hiermee hetzelfde effect als met de normale zig-zag ophanging. Het contactvlak van de stroomafnemer slijt ook hier gelijkmatig af over een veel grotere breedte. Bij deze symmetrische ophanging ligt de hartlijn van de gezamenlijke draden boven het midden van de spoorstaven. Dit ophangsysteem werd in 1924 boven het spoor op het proefbaanvak Den Haag – Leiden toegepast.
Een nadeel van de wespentaille-ophanging is, dat men vele soorten brugstukken nodig heeft. Immers, de afstand van 2 rijdraden van minimum naar maximum met nog een aantal tussenafstanden, eist diverse soorten brugstukken. Bij de gewone zig-zag ophanging heeft men maar één soort nodig.
Deze laatstgenoemde ophanging is thans algemeen gebruikelijk bij de NS. Bij stroomafnemers met koperen contactstrippen is het heen en weer gaan van de bovenleiding niet zo noodzakelijk als bij die met strippen van het zachtere aluminium. Deze slijten veel gemakkelijker uit.
In de vijftiger jaren streefde men ernaar koolcontacten op de sleepstukken te plaatsen. In deze koolstrippen was dan fijn verdeeld koper vermengd. Hiermee werd geprobeerd het goede contact en de weinige electrische weerstand van koper op koper te verenigen met de polijstende werking van o.a. grafiet op de rijdraad.

IJzelschakeling

Hoewel het gehele vraagstuk van de stroomvoorziening tenslotte grondig en langdurig was bestudeerd alvorens men tot de uitvoering er van overging, was geen bijzondere aandacht besteed aan de bestrijding van storing van de stroomvoorziening door ijzelvorming. Gedurende de ruim 10-jarige ZHESM-exploitatie had dit natuurverschijnsel generlei storing van betekenis gegeven. Niettemin trad de ijzelvorming aan de rijdraden in de nacht van 20 op 21 november 1927 in zo'n hevige mate op dat maandag 21 november de exploitatie op het gehele electrische net ernstig was gestoord. Uiteraard werden aanstonds maatregelen beraamd ter verdere voorkoming van deze onaangenaamheden. Het verwijderen van de ijzellaag, die ruim 15 mm dik kon zijn, langs mechanische weg, was niet uitvoer-

baar. De oplossing moest worden gevonden in het verwarmen van de rijdraden waardoor de ijzellaag wegsmelt. Hiertoe wordt van een baangedeelte, dat daartoe niet bereden mag worden, de bovenleiding van opkomend en afgaand spoor over een dusdanige afstand in serie geschakeld, dat bij aansluiting van de ene zijde aan de 1.500 volt leiding van het onderstation de gegeven draadweerstand juist die stroomsterkte geeft, nodig voor het smelten van de ijzel. Met de ijzelschakelaar wordt nu de andere zijde van de rijdraad aan aarde gelegd. Door middel van de diverse onder- en schakelstations kan nu het gehele electrische net in een aantal „ijzelkringen" worden verdeeld. Na die ongelukkige ijzeldag in 1927 is het verschijnsel nog maar enkele malen plaatselijk opgetreden. Dit was o.a. op 31 januari 1950 bij de lijnen in Noord-Holland en op het baanvak Rotterdam – Hoek van Holland.
Een andere keer dat de ijzelvorming bijzonder hinderlijk is geweest was in de nacht van zondag 29 op maandag 30 januari 1956. Als gewoonlijk was er die zondagnacht geen treindienst waardoor de ijzel zich ongestoord aan de rijdraad kon vastzetten waarbij vooral de Gooilijn Amsterdam – Amersfoort ernstig werd getroffen. De ernstigste ijzelstoring die de NS tot op heden heeft gekend, deed zich voor in de loop van dinsdag 25 februari 1958, toen een zware sneeuwstorm over ons land woedde en een overmacht van ijzel en sneeuw, zoals bij ons zelden voorkomt, op vele plaatsen de electrische tractie onmogelijk maakte, hetzij door draadbreuk, hetzij door ijzelafzetting aan de rijdraad. De ontstane grote storingen werden zo goed mogelijk opgevangen door in plaats van electrische treinen DE-loc'n met getrokken rijtuigen te laten lopen.
De ijzelschakeling werd echter practisch weinig of niet gebruikt. Op de duur bleek deze schakeling toch geen succes. In het algemeen wordt bij toepassing van ijzelschakeling veel electrische energie nutteloos verbruikt. Ook de draagkabel, hangdraden en versterkingsleidingen worden verwarmd. Het is immers niet mogelijk alleen de beijzelde rijdraad te verwarmen zonder bovengenoemde leidingen mede in het proces te betrekken. Bovendien loopt men de kans, dat bij vorst en ijzel de stangen van de schakelaars die langs de bovenleidingsmasten lopen, vastvriezen in hun geleidingen. De gevolgen zijn dan nog erger indien men wel de ijzelschakeling op „in" kan zetten, maar later niet meer „uit" kan schakelen door het vastvriezen van deze stangen. Dit bezwaar geldt speciaal voor de op afstand bediende schakelaars. Als de ijzel van de rijdraad is weggesmolten en de kortsluitstroom blijft door de rijdraad vloeien, dan opent dit de mogelijkheid tot het wegvallen van de spanning op het betreffende gedeelte van het net. Daar de snelschakelaar in het onderstation niet onmiddellijk uitvalt, kan dit het doorbranden van de rijdraad tot gevolg hebben. Hierdoor wordt de storing nog veel groter. Teneinde al deze bezwaren te omzeilen werd in die jaren de ijzelschakeling niet of met de grootste schroom toegepast. Niettemin werd deze schakeling op alle geëlectrificeerde baanvakken aangebracht. De lijn Eindhoven – Venlo was de eerste die geen ijzelschakeling meer kende. Tevens zullen bij belangrijke wijzigingen aan de bovenleidinginstallaties van bestaande baanvakken de ijzelschakelaars worden verwijderd. Hierbij komt, dat na de oorlog het nut van deze schakeling was afgenomen. Niet dat ijzel minder voor zou komen, maar de doorlopende nachtdiensten met electrische locomotieven op de grote lijnen maken de kans op ijzelvorming aan de rijdraad belangrijk kleiner. Toen alleen de ZHESM en de lijn Amsterdam – Rotterdam electrisch werden bereden, liep er 's nachts gedurende een periode van 5 à 6 uur geen stroomafnemer langs de draad en kon de ijzel zich er ongestoord op vastzetten.

De Potemkintrein

Toen in de jaren 1926 en 1927 de nieuwe stalen electrische rijtuigen met hun zwanenhalsdraaistellen op de ZHESM-lijnen dienst deden, slingerde dit materieel zeer sterk. Dit slingeren, gedeeltelijk echter door de reizigers overdreven voorgesteld, was voornamelijk het gevolg van te snel rijden op het traject Den Haag HSM – Rotterdam Hofplein welk baanvak rijk is aan bogen. Als gevolg daarvan konden deze snel rijdende treinen niet stijf worden gekoppeld. Dit had weer tot gevolg dat er meer speling ontstond tussen de rijtuigen. Deze namen dan weer gemakkelijker een slingerende beweging aan. Ook het lichte spoor en de korte spoorstaven werkten een schommelende loop in de hand. Wijziging aan de schroefveren van de draaistellen waardoor deze stoten en schokken beter opgevangen konden worden en beperking van de maximumsnelheid op de zwakke Hofplein-lijn hebben dit bezwaar afdoende verholpen.

Dat dit slingeren en trillen niet alleen hinderlijk was, maar ook aanleiding gaf tot enkele ontsporingen, overigens van onbeduidende aard, maakte dat een en ander in het middelpunt van de publieke belangstelling kwam te staan. Tenslotte culmineerde deze furore na die noodlottige 9e september 1926 toen het spoorwegongeval bij „De Vink" plaatsvond, waarbij ook de ligging van het spoor en de snelheid een rol zouden hebben gespeeld.

De beide nieuwe electrische vijfrijtuigtreinen, die in de voorgaande jaren zovele proefritten op het baanvak Den Haag HSM – Leiden hadden gemaakt, zouden de baan hebben vernield. Enkele leden interpelleerden in de Tweede Kamer de Minister van Waterstaat over het schokken, zelfs ging men zover, dat het beleid van de toenmalige NS-Directie in het geding werd betrokken.

Om dit alles te weerleggen, zou van de zijde van de Nederlandse Spoorwegen een proefsnelheidsrit worden gereden van Rotterdam naar Amsterdam en terug. De samenstelling van deze trein bestond uit een D-trein rijtuig van de serie AB 7178-7190, een ZHESM tussenrijtuig van de serie 8031-8032 en een nieuwe vijfrijtuigtrein (mBD-Bec-Aec-Cec-mC) met gestreken stroomafnemers. De eerste twee rijtuigen hadden Duitse draaistellen, het electrische treinstel zwanenhalsdraaistellen. Het geheel werd gereden door een 3700. De bedoeling was, om de wisselwerking tussen baan en materieel proefondervindelijk vast te stellen.

Op vrijdag, 21 januari 1927, had de proefrit plaats van Rotterdam DP naar Amsterdam CS en terug. Deze rit werd met grote snelheid gereden, 72 minuten in beide richtingen, waarschijnlijk met even stoppen in Den Haag HSM. Het betreffende stations- en blokpostpersoneel was van te voren geïnstrueerd deze proeftrein niet door treinen van de gewone dienstregeling te laten hinderen, opdat de snelheidsrit niet geremd zou worden. De critici hielden echter vol en betoogden, dat het schokken van deze trein nu natuurlijk niet hinderlijk zou zijn. De electrische rijtuigen zouden in de normale dienst door een andere vorm van energie worden voortbewogen, zij werden nu immers getrokken door een stoomlocomotief. Door het grote gewicht hiervan, maar ook door de geheel verschillende wijze van aandrijving in vergelijking met electrische tractiemiddelen, waren de acties en reacties tussen materieel en spoorbaan geheel andere en traden de zo gevreesde trillingen bij hoge snelheden niet op. Honend noemden zij daarom deze trein de „Potemkintrein".

Prins van Potemkin was de staatsman en veldheer Gregorius Alexandrowitsj die

Ontsporing Rotterdam Zomerhofstraat. (verz. NJvWJ, 27.6.26 Rotterdam)

Potemkintrein Amsterdam-Rotterdam. (verz. NJvWJ, 21.1.27 Amsterdam CS)

in de 18e eeuw de binnen- en buitenlandse politiek van Rusland beheerste. Deze trein zou nu het Nederlandse volk een droombeeld van veilig rijden moeten suggereren zoals Potemkin deed, die van houten schuttingen dorpen in elkaar liet timmeren en zo zijn gebiedster en czarina, Catherina II, uit een veilige verte nieuw ontgonnen kolonisatie gebieden voor ogen toverde!
Hoe het zij, de Potemkintrein bereikte weer behouden Rotterdam, de Minister kon in de Kamer verklaren dat het slingeren niet zo erg was en met de mededeling van de Directie in het jaarverslag over 1926, dat de veiligheid op de Nederlandse Spoorwegen niet minder verzekerd was dan vroeger, eindigde deze schokkende gebeurtenis. De publieke belangstelling kon weer voor een andere brandende kwestie worden gevraagd.
De ZHESM-motorrijtuigen kwamen terug met zwanenhalsdraaistellen en het materieel 24 heeft met steeds grotere snelheid langs de plaats gereden waar één van hun voorgangers was gevallen.
Na de rit van de Potemkintrein werd 20 februari 1927 begonnen electrische proefritten te rijden op het baanvak Den Haag HSM – Delft – Rotterdam DP. Deze ritten vonden plaats van 7 tot 8 en van 13 tot 14 uur, tussen de gewone treinenloop door.
Toen met ingang van de zomerdienst 1929 de stopplaats „De Vink" werd opgeheven, was de gehele geschiedenis in het vergeetboek terechtgekomen.

Plan electrificatie hoofdlijnen

Op 17 september 1944, het begin van de spoorwegstaking, was 568 km hoofdspoorweg geëlectrificeerd, hetgeen ca. 27 % van het totale hoofdspoorwegnet is. De gunstige resultaten, die de NS reeds spoedig met electrificatie heeft weten te bereiken, zijn bevestigd gebleven en tijdens de wereldoorlog van 1940 werden de voorbereidende werkzaamheden getroffen om zo spoedig mogelijk na de oorlog vrijwel alle NS hoofdlijnen te electrificeren.
Dit urgentieplan omvatte de volgende baanvakken waarvan de electrificatie in de genoemde volgorde zou geschieden.

1.	Dordrecht – Roosendaal	46 km
2.	Lage Zwaluwe – Breda	15 km
	Roosendaal – Breda – Tilburg – Boxtel	62 km
	Tilburg – 's-Hertogenbosch	22 km
3.	Eindhoven – Weert – Sittard – Maastricht	100 km
	Sittard – Heerlen	19 km
4.	's-Hertogenbosch – Nijmegen	43 km
	Arnhem – Deventer – Zwolle	75 km
5.	Amersfoort – Deventer – Hengelo – Oldenzaal	130 km
	Hengelo – Enschede	8 km
6.	Amersfoort – Zwolle – Meppel – Groningen	171 km
7.	Alkmaar – Den Helder	42 km
8.	Afsluitdijkspoorweg van Anna Paulowna – Den Oever – Zürich – Harlingen – Leeuwarden	82 km
fac.	Leeuwarden – Groningen	54 km
9.	Nijmegen – Venlo – Roermond	83 km
		952 km

De afsluitdijkspoorweg boog nabij Anna Paulowna naar het oosten af en sloot even ten oosten van Harlingen op de bestaande spoorweg Harlingen – Leeuwarden aan. Werd de afsluitdijklijn niet aangelegd dan bleven Alkmaar – Den Helder en Harlingen – Leeuwarden stoom en zou Meppel – Leeuwarden (66 km) worden geëlectrificeerd.
In dit plan wordt de lijn Amsterdam – Amersfoort (45 km) niet genoemd. Bij het maken van dit programma ging men van de veronderstelling uit dat bedoeld baanvak, inclusief Utrecht – Amersfoort (21 km) en aansluiting Blauwkapel – Hilversum (13 km) nog tijdens de bezettingsjaren zouden worden geëlectrificeerd. De lijn Maastricht – Schin op Geul – Heerlen komt in deze opgave niet voor.
Zou dit plan worden uitgevoerd met afsluitdijkspoorweg en Leeuwarden – Groningen dan zou 1599 km hoofdlijn zijn geëlectrificeerd, hetgeen ca. 72 % is van het gehele net van de hoofdlijnen voor reizigersvervoer.
Reeds voor de oorlog van 1940 was er een opzet gemaakt (plan 1939) voor de aanschaffing van electrische locomotieven. Hierbij ging men uit van de gedachte dat, behoudens de lijnen als bovengenoemd, nog de volgende baanvakken voor electrificatie in aanmerking kwamen:

1. Apeldoorn – Zutphen	18 km
2. Arnhem – Zevenaar	14 km
3. Zutphen – Hengelo	45 km
4. Maastricht – Schin op Geul – Simpelveld	32 km
5. Simpelveld – Spekholzerheide – Schaesberg	13 km
6. Heerlen – Schaesberg – Kerkrade/Rolduc (in 1949 Haanrade)	7 km
7. Heerlen – Terwinselen (Staatsmijn Wilhelmina)	2 km
8. Sittard – Born	6 km

Men ziet uit de combinatie van de twee bovenstaande opgaven, dat op de lijnen Schin op Geul – Heerlen en Eindhoven – Venlo (geheel ingesloten door geëlectrificeerde baanvakken) de stoom bleef rijden. Reeds in 1946 werd besloten de afsluitdijkspoorweg niet aan te leggen evenmin als de door de gemeente Wieringen voorgestelde spoorlijn Anna Paulowna – Den Oever. Groningen en Friesland bleven vanuit het westen te bereiken volgens de oude route via Zwolle. Begin 1952 was de afsluitdijkspoorlijn voorgoed van de baan.
Dit eerste algehele electrificatieplan van 1939 ademt wel heel sterk de geest van het electrische goederen (steenkolen) vervoer. De vele te electrificeren kolenmijnen in het zuiden spreken een duidelijke taal evenals het niet electrificeren van het traject Schin op Geul – Heerlen waar praktisch geen kolentreinen rijden!
Met de electrificatie zal inderdaad technisch een mooi stuk werk zijn verzet, niettemin is gelijktijdig over de stoomlocomotief en daarmede over de romantiek van het spoorwegbedrijf, de avond gevallen. De lijnen waar voorlopig de stoomtractie bleef gehandhaafd, zouden na het geleidelijk gereedkomen van de electrificatie met diesel-electrische tractie worden bediend.
Ook de gehele treinsamenstelling en materieelomloop zijn verstard en verkild; de loop van iedere trein is geen compromis meer tussen tientallen tegenstrijdige belangen, uitgewogen op een goudschaaltje.
In deze wereld is thans zo weinig plaats voor romantiek. Het zijn de economen die met cijfers aantonen, dat de electrische tractie honderdduizenden tonnen steenkool per jaar bespaart ter waarde van tientallen miljoenen guldens. Daar kan de romantiek het immers nooit van winnen.
De electrificatie wordt door sommigen om redenen van sentiment met lede ogen

aangezien. De resultaten tonen echter aan, dat deze overgang technisch gezien, volkomen is verantwoord en economisch een succes mag worden genoemd. Alleen al de locomotief-onderhoudskosten per vervoerde ton-km daalden van stoom- naar electrische tractie met ongeveer 60 %.
In de 1950er jaren toen de „welvaart" amper was begonnen en men nog bereid was iets extra's te doen voor een schouderklopje, was men in ter zake kundige kringen er reeds van overtuigd, dat besparing van het energieverbruik van niet te onderschatten betekenis zou zijn. Zulks in verband met het alom dreigende tekort aan energie. Deze waarschuwing wist helaas ook toen niet die bijzondere aandacht te verwerven welke zij reeds in die jaren zo dringend behoefde. De simpele kolenpremie op de stoomlocomotief werkte al energiebesparend. Het betichten van prijsopdrijving door de oliemaatschappijen had men nog niet uitgevonden en de arabieren kwamen nog niet aan het woord. Maar het was toen, evenals heden ten dage, de stem van een roepende in de woestijn. De dreigende welvaart zou een grotere beproeving worden dan de vroeger geleden soberheid.

Oorlogsjaren 1940-1945

Alle schone spoorwegdromen uit de bezettingsjaren zijn in rook vervlogen. De barre oorlogswinter 1944/1945 zette tevens een streep door de moeizaam en met zoveel arbeid, zorg en vlijt opgebouwde electrificatie der Nederlandse Spoorwegen.
In juni 1942 werd door de Duitse bezettende macht beslag gelegd op bijna 300 ton koper dat gereed lag om er voor de Gooilijn rijdraad van te trekken. Hiermee was de mogelijkheid om in de loop van 1942 Amsterdam — Amersfoort onder de draad te brengen, voorgoed verkeken.
Na 2 jaar „onderhandelen" werd dit koper in maart 1944 naar Duitsland afgevoerd. Op bevel van de Duitse militaire autoriteiten werd met ingang van 10 juli 1944 de exploitatie van Overveen — Zandvoort stopgezet. De baan en bovenleiding werden opgebroken. Reeds op 31 augustus 1942 was het tweede spoor van Overveen naar Zandvoort buiten dienst gesteld. Dit traject werd toen als enkelsporig baanvak in bedrijf genomen.
Tijdens de spoorwegstaking werden de onderdelen voor de electrificatie van de baanvakken Amsterdam — Naarden/Bussum en Hilversum — Amersfoort naar Duitsland gezonden; de bovenleiding van de geëlectrificeerde baanvakken werd weggenomen en eveneens afgevoerd. Met de bevrijding zou blijken, dat er nog slechts een paar honderd km rijdraad hangt maar wel in onsamenhangende stukken en onbruikbare toestand.
Tijdens de spoorwegstaking werd ook veel van de installaties van de toen aanwezige onderstations en schakelstations naar Duitsland weggevoerd. Zo waren er bij het begin van de staking totaal aanwezig 74 gelijkrichter-installaties van de volgende fabrikaten:

51 stuks Brown Boveri Company te Baden (Zwitserland)
2 stuks Maschinenfabrik Oerlikon te Oerlikon nabij Zürich
14 stuks General Electric te Schenectady (NY)
5 stuks Allgemeine Elektrizitäts Gesellschaft te Berlijn
2 stuks Siemens Schuckert Werke te Berlijn

Het waren kwikdampgelijkrichters met lucht- of waterkoeling, uitgevoerd met of zonder vacuümpomp. Het vermogen van deze gelijkrichters was in het algemeen 1200 kW, bij een aantal was dit 1.000 kW.

In mei 1945 waren er alleen nog maar 17 BBC gelijkrichters, voornamelijk aanwezig in de onderstations op de reeds in 1944 bevrijde zuidelijke lijn Geldermalsen – Eindhoven. Berooid en vernield bleef het Nederlandse spoorwegnet achter.

Electrificatie en her-electrificatie oude lijnen

Een opgave van de 568 km geëlectrificeerde hoofdspoorwegen zoals aanwezig op 17 september 1944 volgt hieronder:

electri-ficatie	her-elec trificatie	km	baanvak
1. 4.26	17. 9.45	5	Leidschendam/Voorburg – Den Haag ZHESM
1. 4.26	15.10.45	5	Laan van Nieuw Oost Indië (aansluiting Loolaan)-Renbaan/Achterweg
1. 4.26	15.10.45	1	Noordelijke verbindingsbaan nabij Loolaan
1. 4.26	15. 6.47	5	Renbaan/Buurtweg – Scheveningen Kurhaus
1. 4.26	5.10.47	18	Rotterdam Hofplein – Leidschendam/Voorburg
4. 4.27	3. 9.45	23	Den Haag HSM – Rotterdam DP
4. 4.27	17. 9.45	15	Leiden – Den Haag HSM
4. 4.27	19.11.45	29	Haarlem – Leiden 1 spoor
4. 4.27	10.12.45	–	Haarlem – Leiden 2e spoor
15. 5.27	7.10.46	12	Haarlem – IJmuiden
1. 7.27	15. 8.45	18	Amsterdam CS – Haarlem 1 spoor
1. 7.27	25. 8.45	–	Amsterdam CS – Haarlem 2e spoor
2.10.27	5.10.47	4	Rotterdam DP – Schiebroek
15. 5.31	26. 8.46	10	Amsterdam CS – Zaandam
15. 5.31	20.12.46	29	Zaandam – Alkmaar
15. 5.31	7.10.46	9	Velsen/IJmuiden Oost – Uitgeest
15. 5.34	3. 9.45	4	Rotterdam DP – Feijenoord
15. 5.34	19.11.45	14	Feijenoord – Zwijndrecht
15. 5.34	16. 7.46	2	Zwijndrecht – Dordrecht
15. 5.35	6. 5.46	24	Schiedam – Hoek van Holland eindpunt
6.10.35	15. 8.45	3	Haarlem – Overveen
6.10.35	3. 6.46	6	Overveen – Zandvoort Bad
7. 4.38	–	40	Amsterdam CS – Amsterdam WP – Utrecht
–	3.10.48	39	Amsterdam CS – Amsterdam Amstel – Utrecht
7. 4.38	9. 5.48	58	Utrecht – Arnhem
7. 4.38	4. 5.47	52	Rotterdam Maas – Utrecht
7. 4.38	4. 6.47	80	Utrecht – Eindhoven
7. 4.38	4. 5.47	25	Den Haag SS – Moordrecht aansluiting
7. 4.38	4. 5.47	2	Den Haag SS – Den Haag HSM
15. 5.38	5.10.47	10	Aansluiting Schiebroek – aansluiting Rotterdam Maas en Capelle

ABD 9801 — C 8109 trein Leidschendam/Voorburg-Den Haag HSM. (foto Bonthuis, 12.10.45 Leidschendam/Voorburg)

electri-ficatie	her-elec-trificatie	km	baanvak
15. 5.39	3. 1.49	1	Aansluiting Delfshavense Schie — westelijke splitsing
2.10.39	14. 5.50	8	Aansluiting Duivendrecht — Watergraafsmeer
1. 4.40	18. 5.52	7	Breukelen — Harmelen
2. 4.40	3.10.48	19	Arnhem — Nijmegen
4. 5.42	18.11.46	21	Utrecht — Amersfoort
4. 5.42	5. 8.46	13	Aansluiting Blauwkapel — Hilversum
22.10.42	3.10.48	5	Aansluiting Blauwkapel — Lunetten
22.10.42	3.10.48	1	Verbindingsbaan Blauwkapel

In april 1940 werd het baanvak Breukelen — Harmelen niet voor de geregelde dienst in gebruik genomen hoewel de aanleg op dat moment geheel gereed was. Het was de bedoeling om op 19 mei 1940 een 2-uursdienst Amsterdam CS — Amsterdam Amstel — Woerden te gaan rijden. Als gevolg van de op 10 mei uitgebroken oorlog kon deze dienst niet worden uitgevoerd.
Bij de her-electrificatie zijn de AEG en SSW gelijkrichters verdwenen, terwijl als nieuwe fabrikaten gelijkrichters van de Ateliers de Constructions Electriques te Charleroi (de ACEC) en van de Engelse General Electric Company (GEC) te Birmingham en de English Electric Company (EEC) te Stafford werden ingevoerd. Met de electrificatie van de Limburg-lijn werden in 5 onderstations totaal 10 uit Duitsland terugontvangen en te Leidschendam herstelde gelijkrichters geplaatst. Ook de onderstations Barneveld/Voorthuizen en Apeldoorn zijn ieder met twee uit Duitsland teruggekomen en herstelde BBC gelijkrichters geïnstalleerd. Alleen de onderstations Sterksel en Weert kregen een nieuw type Amerikaanse gelijkrichter met ignitrons van de GE te Schenectady (NY).
Door gebrek aan alles verliep de her-electrificatie het eerste jaar moeilijk. Er waren geen onderdelen en gereedschappen maar er was ook geen rijdraad. Slechts

enkele onder- en schakelstations langs het baanvak Hedel – Eindhoven waren nog intact. Door de spoedige bevrijding van dit gebied was de vijand niet in de gelegenheid geweest deze leeg te halen. Eveneens waren de onderstations te Ressen/Bemmel, Nijmegen, Heuvelsche Steeg, Loolaan, Leiden, Lisse en Amsterdam Zaanstraat nog in redelijke staat.
Uit exploitatie-overwegingen (veel treinen in de spitsuren) zouden na Amsterdam – Rotterdam de lijnen Amsterdam – Hilversum – Amersfoort/Utrecht en Amsterdam – Zaandam – Alkmaar (mede ten behoeve van de Zaanse industrie) het eerst voor her-electrificatie in aanmerking komen. Als laatste stond Amsterdam CS – Nieuwersluis – Utrecht op de lijst. Immers Amsterdam – Hilversum – Utrecht kwam reeds aanstonds voor her-electrificatie in aanmerking. Bovendien kon de lijn via Nieuwersluis nu ingericht worden voor snelheden van 150 km/h. Dit eiste echter langere voorbereiding.
Ter verdere uitvoering van dit programma dienden de gelijkrichters en verdere apparatuur uit de Noordbrabantse onder- en schakelstations in het westen te worden gebruikt. Maar ook de masten van de bovenleiding, compleet met fundering, langs de lijn Blauwkapel – Lunetten waren elders nodig evenals de isolatoren van de lijn Amsterdam – Alkmaar en Haarlem – Uitgeest. Hoe nijpend de nood naar onderdelen was blijkt wel uit het feit dat het baanvak Amsterdam – Alkmaar ook reeds spoedig diende te worden geëlectrificeerd. Maar onderdelen van dit traject moesten toch nog eerder elders worden gebruikt. Maar ondanks al deze moeilijkheden reed 11 maanden na stopzetting van het NS-bedrijf, weer de eerste electrische trein langs de historische lijn van Amsterdam naar Haarlem. Met een variant op de titel van één der boeken uit de trilogie van Trygfe Emanuel Gulbranssen kon men op 15 augustus 1945 zeggen „en eeuwig zingen de blokkendozen".

Plan electrificatie 1946

Na de bevrijding werden de urgentieplannen met betrekking tot de verdere electrificatie van het Nederlandse spoorwegnet uitgevoerd. De zuidelijke lijn zou nog worden verlengd naar Luik. Uiteindelijk vervielen Nijmegen – Roermond en Maastricht – Luik. Enige korte (lokaal)lijnen, ingeklemd tussen geëlectrificeerde hoofdlijnen, kwamen erbij.
Het na-oorlogse electrificatieprogramma werd ten slotte als volgt uitgevoerd:

electrificatie	km	baanvak
3. 6.46	45	Amsterdam CS – Amersfoort
1. 7.47	1	westelijke verbindingsbaan Haarlem
25. 7.48	12	Den Dolder – Baarn
15. 5.49	99	Eindhoven – Sittard – Maastricht
15. 5.49	19	Sittard – Heerlen
15. 5.49	25	Maastricht – Schin op Geul – Heerlen
14. 5.50	67	Dordrecht – Lage Zwaluwe – Boxtel
14. 5.50	23	Lage Zwaluwe – Roosendaal

electri- ficatie	km	baanvak
8.10.50	17	Woerden – Leiden
3. 1.51	44	Amersfoort – Apeldoorn
20. 5.51	75	Apeldoorn – Hengelo – Enschede
20. 5.51	11	Hengelo – Oldenzaal
20. 5.51	18	Barneveld/Voorthuizen – Ede
18.12.51	1	verbindingsbaan Hillegersberg – Schiebroek
7. 1.52	67	Amersfoort – Zwolle
18. 5.52	104	Zwolle – Meppel – Groningen
18. 5.52	66	Meppel – Leeuwarden
5. 1.53	29	Arnhem – Zutphen
17. 5.53	45	Zutphen – Deventer – Zwolle
3. 6.56	51	Eindhoven – Venlo
c3. 6.56	17,5	Gouda – Alphen aan de Rijn

In studie bleef dan nog het electrificeren van de nagenoemde lijnen:

18. 4.57	75	Vissingen – Roosendaal
2. 6.57	23	Roosendaal – Breda
4. 8.57	22	Tilburg – 's-Hertogenbosch
29. 9.57	44	's-Hertogenbosch – Nijmegen
29. 9.57	9	Roosendaal – Essen
1. 6.58	42	Alkmaar – Den Helder

Verder verwijderd lag dan nog het plan voor electrificatie van:

	13	Zwolle – Kampen
	75	Zwolle – Emmen
	19	Almelo – Marienberg
	83	Roermond – Venlo – Nijmegen
22. 5.66	28	Arnhem Velperpoort aansluiting – Emmerich

Behoudens het grensbaanvak Arnhem – Emmerich zijn de verder verwijderde electrificatieplannen tot op heden niet tot uitvoering gebracht.
Daarentegen zijn de ondergenoemde lijnen die in de vijftiger jaren niet aan de orde kwamen, in de zestiger/zeventiger jaren wel geëlectrificeerd.

26. 5.68	5	Venlo – Kaldenkirchen
26. 5.74	41	Zaandam – Enkhuizen
26. 5.74	17	Heerhugowaard/Broek op Langendijk – Hoorn
30. 5.76	15	Oldenzaal – Bentheim
22. 5.77	12	aansluiting Hofpleinlijn – Meerzicht
22. 5.77	3	Zoetermeer Centrum west – Palenstein
28. 5.78	2	Palenstein – Seghwaert
28. 5.78	12	Geldermalsen – Tiel
21.12.78	11	Amsterdam Zuid – Schiphol
30. 9.79	9	Seghwaert – Buytenwegh – Meerzicht
in uitvoering		Schiphol – Warmond – Leiden
in uitvoering		Amsterdam Zuid – RAI

Als laatste electrische spoorwegen kwamen in 1978/79 het eerste gedeelte van de Schiphollijn en het sluitstuk van de Zoetermeerlijn in dienst. Hoewel de lijnen die in de afgelopen 20 jaar zijn geëlectrificeerd alleen blokkendozen als montagewagen hebben gekend, heb ik terwille van een volledig overzicht van de electrische spoorwegen in Nederland, deze baanvakken wel genoemd hoewel zij ver buiten het bestek van dit boek vallen.
Na de oorlog zijn een aantal wijzigingen in het electrische net aangebracht. De sluiting van het station Amsterdam Weesperpoort bracht de reeds bestaande, maar weinig gebruikte, verbindingsbaan Amsterdam Muiderpoort in de richting Utrecht, nu met het nieuwe Amstelstation, op 15 oktober 1939 met profielwijziging en verhoging als nieuw baanvak in dienst.
Met de electrificatie van de lijn Amersfoort – Zwolle in 1952 is tevens de langste en historische boog bij Harderwijk gewijzigd. Bijna 90 jaar heeft de stoom afgeremd langs de Zuider Zee moeten rijden. De geringe straal van 650 meter stond geen grotere snelheid toe dan 75 km/h. Teneinde geen snelheidsbeperking aan de electrische tractie op te leggen, werd de boog herlegd. Hierdoor kon de snelheid bij Harderwijk in de richting Zwolle worden opgevoerd tot 105 km/h. Door de minder gunstige plaatselijke situatie is de maximumsnelheid in omgekeerde richting 90 km/h. Het oude karakter van het rijden door de scherpe boog is echter verloren gegaan; alleen de verspringende lassen zijn gebleven.
Ook kwam in 1952 de electrificatie van het rangeerterrein Watergraafsmeer gereed.
Op 17 mei 1953 kwam de rechtstreekse verbinding Nieuwerkerk II – Rotterdam Noord tot stand. Als gevolg daarvan kwam het gedeelte Nieuwerkerk I – Rotterdam Maas met aansluitingen aan de Rotterdamse ringbaan (deze voor het gedeelte tot Rotterdam Noord) buiten dienst.
Tevens werd op 4 oktober 1953 het lage station Rotterdam DP vervangen door het hoog gelegen Centraalstation.
De sluiting van het baanvak Loolaan – Scheveningen Kurhaus met nabij de Loolaan de splitsing van de Hofpleinlijn naar Scheveningen op 4 oktober 1953 betekende de vermindering van ca. 10 km electrische spoorlijn.
Op 29 september 1957 werd ter vervanging van de spoorbrug de omlegging naar de Velsertunnel in gebruik genomen.
Met de electrificatie en de her-electrificatie van de lijnen Hilversum en Amersfoort – Blauwkapel – Utrecht, werd tevens boven de verbindingsbaan voor de goederendienst van Blauwkapel via Utrecht Maliebaan naar Utrecht Lunetten de rijdraad aangebracht in 1942, resp. 1947.
De datum van her-electrificatie doelt op de dag waarop de reizigers- eventueel goederendienst wederom electrisch werd gereden. Immers 2 factoren bepalen deze datum: de electrificatie van de lijn, maar ook het beschikbaar stellen van het benodigde materieel. Deze punten liepen niet altijd parallel. Dit betekent, dat een baanvak wel eerder electrisch zou kunnen worden bereden, maar dat er geen materieel beschikbaar stond. De NS streefden er steeds naar een en ander gelijktijdig gereed te hebben.
Het baanvak Hilversum – Naarden/Bussum was in 1942 gereed voor electrische tractie om de Bussumse forensen met doorgaande electrische treinen snel naar Utrecht te kunnen vervoeren. Er hebben echter in de oorlogsjaren geen doorgaande electrische treinen gereden van Naarden/Bussum naar Utrecht. Ook de koude winter 1946/1947 heeft de electrificatie vertraagd. Voor de zuidelijke lijn naar Eindhoven speelde het herstel van de grote spoorbruggen nog een rol.

Materieel

Bouw B 7501 – 7510

De eerste blokkendozen, maar ook de eerste stalen rijtuigen, werden in 1923 als D-treinrijtuigen in dienst gesteld. Met hun middendoorloop en aan beide zijden daarvan banken à 2 zitplaatsen weken zij nogal van het gebruikelijke type D-treinrijtuig af.

Bak

De rijtuigen zijn opgebouwd uit een in elkaar geklonken stalen geraamte met opgeklonken paneelplaten en stalen daktogen maar met houten dak. De stijlen en gehele verdere bouw van deze geklonken rijtuigen zijn zwaar uitgevoerd, zoals dat in de twintiger en na-oorlogse jaren gebruikelijk was. De wegwerpmaatschappij was er nog niet: wij leefden nog op de eeuwigheid. Wat betreft de berekening zijn deze rijtuigen niet als kokerligger te beschouwen. Onderstel en zijwanden zijn afzonderlijk berekend.
Nieuw is ook het systeem van de twee naast elkaar gelegen portieren op de balkons; voor de binnenbetimmering hiervan werd teakhout gebruikt. In 1940 werd begonnen op de balkons van materieel 24 zoveel mogelijk klapzittingen aan te brengen. Een moeilijkheid hierbij blijft, dat de immer zittende reiziger bij de portieren het de in- en uitstappende reiziger niet gemakkelijker maakt. De beide kopwanden zijn voorzien van een naar buiten draaiende stalen deur met vastzetters.

Interieur

Het interieur van de rijtuigen is in 4 afdelingen à 2 compartimenten à 8 personen ingedeeld. Aan de ene zijde van de toiletafdelingen zijn 32 plaatsen roken, aan de andere zijde hetzelfde aantal niet roken. Alle tussenschotten zijn voorzien van schuifdeuren. Deze binnendeuren zijn opgehangen aan een U-ijzeren looprail door middel van op kogels lopende rollen. Zij worden aan de onderzijde geleid door een T-ijzer. Aan de einden was dit T-ijzer naar beneden afgeschuind waardoor de deur vanzelf in de uiterste standen wordt vastgezet. Eén en ander was wel een mooie maar kostbare constructie.
Ook de tot die tijd gebruikelijke leren riemen voor het openen en sluiten van de vensters zijn vervallen. Zij werden vervangen door de veel praktischer evenwichtsinrichting met spanveer (raamlichter, systeem Rathgeber te München). Bij het openen van het raam wordt de arbeid, nodig om de veer te spannen, voor een klein deel geleverd door de menselijke spierkracht en voor de rest door de neergaande massa van het venster. Bij het sluiten er van verricht de ontspannende veer bijna alle arbeid.
Voor de binnenbetimmering wordt hout (bij de NS djatihout voor al het zicht-

WERKSPOOR

2494

WERKSPOOR

bare blanke houtwerk in de afdelingen) gebruikt volgens de in Europa algemeen gevolgde methode. Het paneelwerk is bekleed.
Verder zijn de rijtuigen nog voorzien van schroefrem (handrem) aan één kopwand, bronzen nummerkastjes in de vier afdelingen van het rijtuig en nummerplaatjes boven de zittingen, blauwe lichtschermen om de grote geslepen glasballons van de lampornamenten. Om het onbevoegd uitnemen van de lampen te voorkomen, konden deze ballons alleen door het personeel met een speciale sleutel worden geopend.

Verwarming

Hun stoomtijd bracht mee, dat de rijtuigen werden uitgerust met lage drukstoomverwarming. Aan de bufferbalk werd, behalve de normale stoomverwarmingskraan voor de ééndelige stoomkoppeling, de nieuw-model kraan met vaste halve stoomkoppeling aangebracht.

RIC-teken

Zij waren toegelaten op de spoorlijnen van de Etat Belge, de Franse Nord en Alsace Lorraine en een beperkt aantal lijnen in Duitsland. Aan de kopwanden half-hoge ladders en lantaarnijzers voor het voeren van Franse en Belgische sluitseinen.

Beschildering

Tijdens hun stoomtreinperiode waren de B 7501 – 7510 geheel groen geschilderd. Behalve de normale beschildering, was bij de B 7501 – 7510 onder de letters NS het woord „Nederland" geschilderd zoals dat bij alle internationale NS-rijtuigen gebruikelijk was. Bovendien stond onder ieder raam de zitplaatsnummering van het betrokken compartiment aangegeven.

Omloop

De eerste 7500en liepen in de sneltreinen Amsterdam – Maastricht en Amsterdam – Roosendaal, beide trajecten volgens de oude SS-route. Met de winterdienst van 1923 hebben twee van deze rijtuigen dienst gedaan in de treinen Amsterdam CS – Brussel – Parijs. Gedurende de zomerdienst 1924 werd nog een derde Bd aan de Parijse dienst toegevoegd. In de loop van dat jaar werden deze 7500en vervangen door B's van de „Nord".

Type 2 Bd 7508. (foto Werkspoor, 1923 Werkspoor Utrecht)

Geraamte materieel 1924. (foto Wümag)

Plaatbekleding materieel 1931. (foto Werkspoor)

Verbouwing B 7501 – 7510 en bouw electrisch materieel

Toen met ingang van 1 april 1926 de 2-fasen wisselstroomvoorziening op de oude ZHESM-lijnen werd stopgezet, werden deze 10 rijtuigen ingericht voor de electrische tractie teneinde op de Hofpleinlijn – nu met gelijkstroom – te kunnen gaan rijden. Deze verbouwing werd in 1925 aan de Centrale Werkplaats te Haarlem uitgevoerd.
Afgenomen werden de stoomverwarming, handrem, bronzen nummerkastjes in de afdelingen met de nummerplaatjes boven de zitplaatsen, lichtschermen om de lampen, ladders aan de kopwanden, lantaarnijzers voor het voeren van Franse en Belgische hoekseinen. Het woord „Nederland" en de zitplaatsnummering onder de ramen werden verwijderd.
Gewijzigd werden de stalen kopwanddeuren met vastzetters, toegang gevende tot de vouwbalgen, in dubbele djati houten kopdeuren met doordraaiende scharnieren, beschermstangetjes, binnenstuit, buitenklemveer en bovenslot. De beide treeplanken werden op grotere hoogte van elkaar geplaatst met nu een derde treeplank daartussen.
De 8 klasseplaten [2] onder de ramen werden afgenomen en vervangen door tweemaal een dergelijke plaat op gelijke hoogte onder het midden van de dammen tussen de beide eindvensters.
Aangebracht werd electrische verwarming alsmede de kabels voor stuurstroom inclusief de verwarmings- en stuurstroomkoppeldozen. De rijtuigen werden voorzien van koersbordhaken voor ophanging van de draaibare bordjes „In" en „Uit".
Met deze verbouwing waren de eerste stalen rijtuigen nu volledige tussenrijtuigen B 8503 – 8512 voor de electrische tractie geworden.

A, AB, B en C rijtuigen serie 8500

In beginsel zijn de A en C tussenrijtuigen gelijk aan de B 8503 – 8512 en de overige B's serie 8500.
De lengte over de buffers van de A, B en C tussenrijtuigen is gelijk, niettemin hebben zij resp. 7, 8 of 9 ramen met in het midden een smalle ruit van de toiletinrichting. Al zijn blokkendozen vele malen verbouwd en zelfs dienstwagen geworden, het aantal ruiten, geblindeerd of niet, verraadt te allen tijde hun afkomst. De afstand tussen de banken werd van eerste naar derde klasse steeds kleiner, het aantal ramen en passagiers op één rij steeds groter, resp. 3, 4 en 5 zitplaatsen. De motorrijtuigen van de series 9000 en 9400 hebben ook 9 ramen maar missen de toiletinrichting. Zij hebben daarentegen aan één zijde een drie-deurs balkon. De 2e klasse (oude stijl) motorrijtuigen zijn direct herkenbaar aan hun bagageruimte.

Type 3 Aec 8502. (foto Beijnes, 1924 Haarlem)

Type 4 Cec 8502. (foto Quanjer, 1.7.34 Leidschendam/ Voorburg)

De eerste en tweede klasse banken bestaan uit een houten zittingraam met matras van stalen veren waarop een losse matras. In de eerste klasse omkeerbare zitkussens, aan één zijde bekleed met leerdoek (zomer), het overige gedeelte bekleed met rode trijp (winter), glad en zonder noppen.
Dat idee was overgenomen van het NCS locaaltreinrijtuig B 111 uit de proeftrein van juli 1917. De zittingen 2e klasse zijn niet omkeerbaar. Deze waren bekleed met groen trijp. De rugleuningen als 2e klasse zittingen in de aangepaste kleuren trijp rood en groen. Eveneens oorkussens in de 1e en 2e klasse. Hier ook nog beklede, resp. houten armleuningen.
In beide klassen waren klaptafeltjes met verende console aangebracht. De tafeltjes bestonden uit een triplex blad, bekleed met linoleum.
De banken in de derde klasse waren samengesteld uit eikehouten zittinglatten die toch een comfortabel geheel vormden. Bij het materieel 1931 werd bij de C's de houten rugleuning hoger uitgevoerd. Tevens werden er op deze leuningen aan de zijde van de middendoorloop hoekhandgrepen aangebracht. In navolging hiervan werd in 1933 besloten ook bij de voorgaande C's van materieel 24 deze

Kopaanzicht tussenrijtuig met houten kopdeuren. (foto Wümag)

Interieur 3e klasse 1923. (foto Wümag)

Interieur 2e klasse 1923. (foto Wümag)

Interieur 3e klasse 1931. (foto Werkspoor)

Type 2 Bec 8529 (foto Quanjer, 30.8.34 Amsterdam Revisieloods)

handgrepen aan te brengen.
In 1937 werd begonnen de houten banken in de derde klasse afdelingen van het in 1923 t/m 1932 in dienst gestelde electrische hoofdlijn-materieel te vervangen door zittingen en rugleuningen, bekleed met een gummistrook en overtrokken met groen/grijs laticel (kunstleer). Begin 1942 hadden 16 motorrijtuigen en 27 tussenrijtuigen deze wijziging ondergaan, 68 motorrijtuigen en 30 tussenrijtuigen moesten toen nog zodanig worden gewijzigd. In de oorlogsjaren heeft deze bekleding met leerdoek uiteraard slechts weinig of geen voortgang gevonden.
Het eerste rijtuig, dat deze beklede derde klasse banken kreeg, was de mCd 9420 die in december 1937 uit grote herstelling kwam. Dit rijtuig was op 17 augustus van dat jaar te Amsterdam CS in botsing gekomen met loc 3812, waarbij zowel machine als rijtuig ernstig werden beschadigd.
Ten behoeve van de uit koord gevlochten bagagenetten hadden de rijtuigen 1e klasse gebruineerde bronzen bagagenetconsoles met messing pijpen; die van de 2e en 3e klasse kregen gemoffelde ijzeren consoles en pijpen. In de eerste klasse was al het koperwerk gebruineerd.
De toiletafdeling ligt bij de B's met een even aantal afdelingen in het midden, bij de A's en C's is de plaatsing asymmetrisch. De A's hebben 2 afdelingen van 2 en 1 afdeling van 3 compartimenten waartussen de toiletinrichting, de C's hebben 3 afdelingen van 3 compartimenten. In de A's was de afdeling van 3 compartimenten bestemd voor rokers. De tweede en derde klasse tussenrijtuigen waren bij hun indienststelling voor de helft resp. een derde gedeelte ingericht voor roken. In de rookafdelingen van de eerste klasse waren bronzen asbakjes aangebracht, in de tweede en derde klasse gemoffelde gietijzeren asbakjes.
Evenals de B 7501 – 7510 hadden ook de A, B en C 8501 – 8502 stalen kopwanddeuren. Deze werden spoedig vervangen door houten deuren, nu van teakhout.
Bij de electrificatie van de Noordhollandse lijnen bleek, uitgaande van de 6-rijtuigtrein voor Amsterdam – Rotterdam, het eerste en tweede klasse tussenrij-

Kopaanzicht B7501 – 7510 met stalen kopdeuren, halve ladder, dubbele aansluiting stoomverwarming, meerdere seinijzers. (foto Beijnes)

Type 10 ABec 8511. (foto Werkspoor, 1931 Werkspoor Utrecht)

tuig te kunnen worden vervangen door een gecombineerd rijtuig eerste en tweede klasse. Voor deze dienst werden de rijtuigen AB 8501 – 8511^{I} gebouwd. Het interieur was volgens de normen van 1923, alleen deze rijtuigen hadden 1-deurs eindbalkons en een 2-deurs middenbalkon. Het eerste en tweede klasse gedeelte hadden 4, resp. 3 afdelingen met toiletafdeling.
De beide klassen waren op het middenbalkon gescheiden door een laag schot met als doorgang 2 klapdeuren.

Type 1 mBD 9019. (foto Quanjer, 5.7.27 Amsterdam CS)

mBD, mC en mCd rijtuigen serie 9000 en 9400

De bankindeling van de tweede klasse motor- en tussenrijtuigen is geheel gelijk echter met dien verstande, dat bij de BD-motorrijtuigen een aantal compartimenten is vervangen door een bagageruimte. De mBD's bestaan uit een afdeling met 2, resp. 3 compartimenten. Bij de mC's zijn het 3 afdelingen van 3 compartimenten. De motorrijtuigen 2e en 3e klasse hebben geen toiletinrichting.
De BD-motorrijtuigen waren, evenals de B-tussenrijtuigen, voor de helft roken en niet roken; daarentegen waren de mC's geheel de rokende passagier toegewezen. Aangezien deze verhouding voor de niet-rokers wat ongunstig was en er toch immer een motorrijtuig en een tussenrijtuig van deze beide klassen in ieder treinstel liepen, werd er reeds zeer spoedig toe overgegaan voor de derde klasse de motorrijtuigen geheel voor niet-rokers en de tussenrijtuigen geheel voor rokers te reserveren. Bij de tweede klasse werd deze indeling in de normale sneltreindienst juist andersom.
Na de bevrijding was de vraag naar rookafdelingen zodanig gestegen, dat nu bij de motor- en tussenrijtuigen derde klasse van het buffermaterieel, een derde gedeelte voor niet roken en twee/derde gedeelte voor roken werd aangewezen.
Bij de BD's is in de bagageruimte een zitplaats voor de hoofdconducteur, verder een tafel, loket- en waardekast. De bagageruimte wordt rechts en links afgesloten met een stel dubbele roldeuren. Bij de mC's was op het balkon achter de bestuurdersruimte een klapzitting voor de hoofdconducteur.
Zowel de mBD's als de mC's hadden een afgesloten wagenvoerders afdeling en een hulpstuurstand aan de zijde van het open balkon. In de wagenvoerders ruimte was een niet bekleed houten klapbankje aangebracht als zitplaats. Een paar jaar later werd deze wagenvoerderszitting bekleed met bruin leerdoek en opgevuld met paardehaar.
De N.H.-motorrijtuigen kregen daarentegen het zadel waarmee toen ook de Amsterdamse tram reed. Reeds in 1934 werd dit zadel eveneens vervangen door een beklede klapzitting, bij de mBD's met, bij de mCd's zonder rugsteun. In verband met de vouwbalgdoorgang in laatstgenoemde rijtuigen, was hier geen ruimte beschikbaar voor een rugsteun.

Type 5   mC 9016. (foto Heemaf, 4.6.28 Leidschendam/Voorburg)

Bagage- en conducteursafdeling. (foto Beijnes)

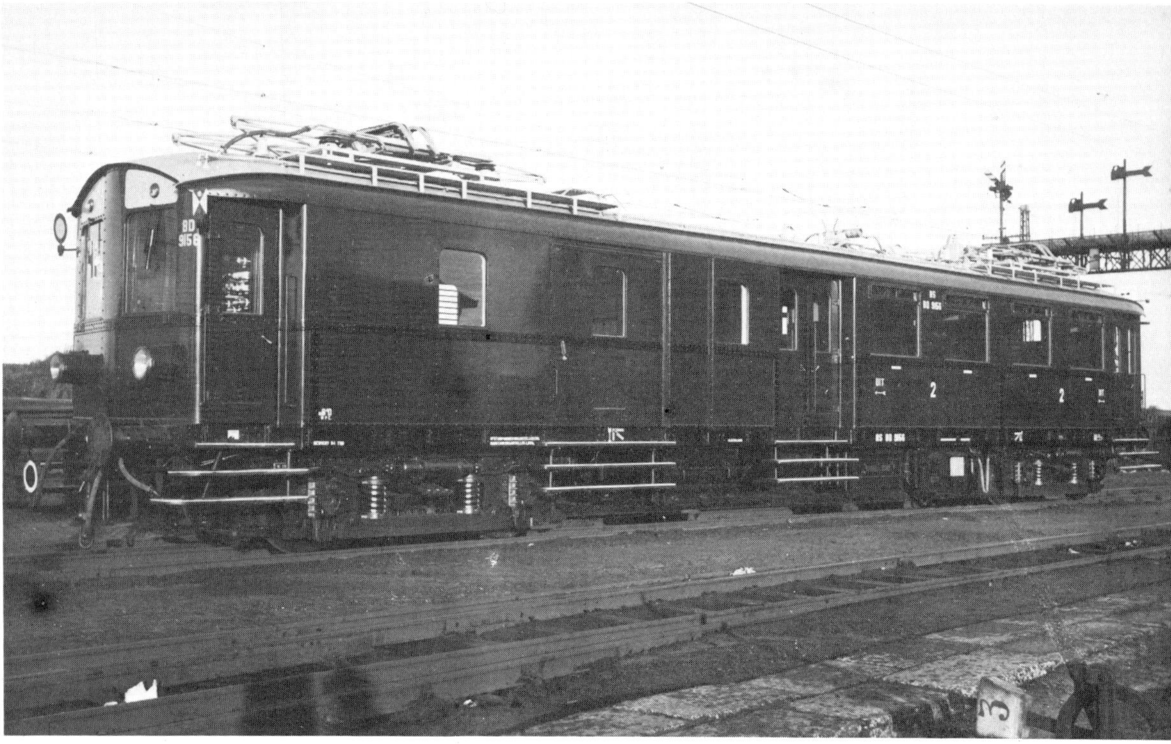

Type 9 mBD 9156. (foto Beijnes, 1931 Haarlem)

Type 11 Cec 8539. (foto Werkspoor, 1931 Werkspoor Utrecht)

Eveneens in 1934 werd bij de hoofd- en hulpstuurstand van alle motorblokkendozen een typhoon aangebracht waarbij voorlopig de fluit bleef behouden. Eerst enige jaren later werd uitsluitend bij de hoofdstuurstand een 2e typhoon geplaatst waarmee bij de motor- en stuurstandrijtuigen de fluit voorgoed verdween. De eerste motorblokkendozen hadden nog geen snelheidsmeter. Eerst sinds begin 1927 behoorde deze meter tot hun uitrusting. Daarbij werd één aspot gewijzigd voor aansluiting van de meterkabel. De normale M 1 pot met glijlagers werd vervangen door een M 2 pot.
De tot 1928 gebouwde motorrijtuigen hadden slechts één stroomafnemer of pantograaf. In de ruststand ligt deze ingetrokken op het dak (gestreken). Met druklucht wordt deze tegen de rijdraad gezet. Dit opzetten geschiedt in een

Type 8 mCd 9414. (foto Heemaf, 1928 Leidschendam/Voorburg)

Hoofdstuurstand (links) en hulpstuurstand (rechts) mCd 9411 – 9423 (foto's Heemaf)

Type 12 mCd 9436. (foto Werkspoor, 1931 Werkspoor Utrecht)

langzaam tempo om schommelende bewegingen van de bovenleiding te voorkomen.
In 1929 kwamen de BD 9029-9030, C 9038 en C 9424 in dienst met twee stroomafnemers. Deze tweede stroomafnemer werd in de jaren 1929 t/m 1933 op alle motorrijtuigen aangebracht.
Reeds kort na de algehele invoering van de electrische tractie (2 oktober 1927) op het baanvak Amsterdam – Rotterdam bleek de 5-rijtuigtrein een tekort aan derde klasse plaatsen te bieden, waardoor toevoeging van een derde C-rijtuig noodzakelijk was. Men kon hiervoor geen Cec gebruiken daar 4 tussenrijtuigen op 2 motorrijtuigen een ongewenste verhouding gaf in verband met het vermogen van de tractiemotoren. Hierdoor was men genoodzaakt een motorrijtuig 3e klasse aan de combinatie toe te voegen. Teneinde de binnendoorloop van de gehele trein niet te verbreken, moest dit een type motorrijtuig worden waar men aan beide zijden kon doorlopen. De serie C 9001 voldeed niet aan deze eis en zo ontstond door de drang van de omstandigheden het type 9400.
Hoewel de C 9400en op één van de balkons een complete wagenvoerdersafdeling hebben en zij dus eveneens zonder bezwaar voorop kunnen lopen, kon hieraan de eerste jaren toch geen gevolg worden gegeven. Men was er namelijk niet in geslaagd de vouwbalgopening van de voorop rijdende wagenvoerdersafdeling tochtdicht af te sluiten. Dit geschiedde aanvankelijk met een stalen plaat vóór de vouwbalgopening. Eerst kregen de sinds 1931 in dienst gestelde mCd's een geheel gewijzigde en aan deze eis tegemoetkomende dubbele afsluiting met stalen kopdeuren waarna de andere 24 mCd's eveneens van deze verbeterde afsluiting werden voorzien.
Aanvankelijk kon men zich in de electrische treinstellen door de middendoorloop

Kopaanzicht serie C 9400 en 8100 met stalen kopdeuren om voorop te kunnen lopen. (foto Werkspoor)

en de vouwbalgen van het mBD- naar het mC-rijtuig begeven. Reeds kort na 1927 werden de klapdeuren in de vouwbalgopening tussen het eerste en het derde klasse rijtuig afgesloten. Ook bij mindere controle kon men op deze wijze een minder juiste gewoonte van het publiek uit de derde klasse tegengaan om plaats te nemen in de eerste en tweede klasse rijtuigen. Voor het dienstdoende personeel was deze afsluiting geen bezwaar; zij konden de deuren openen en wederom

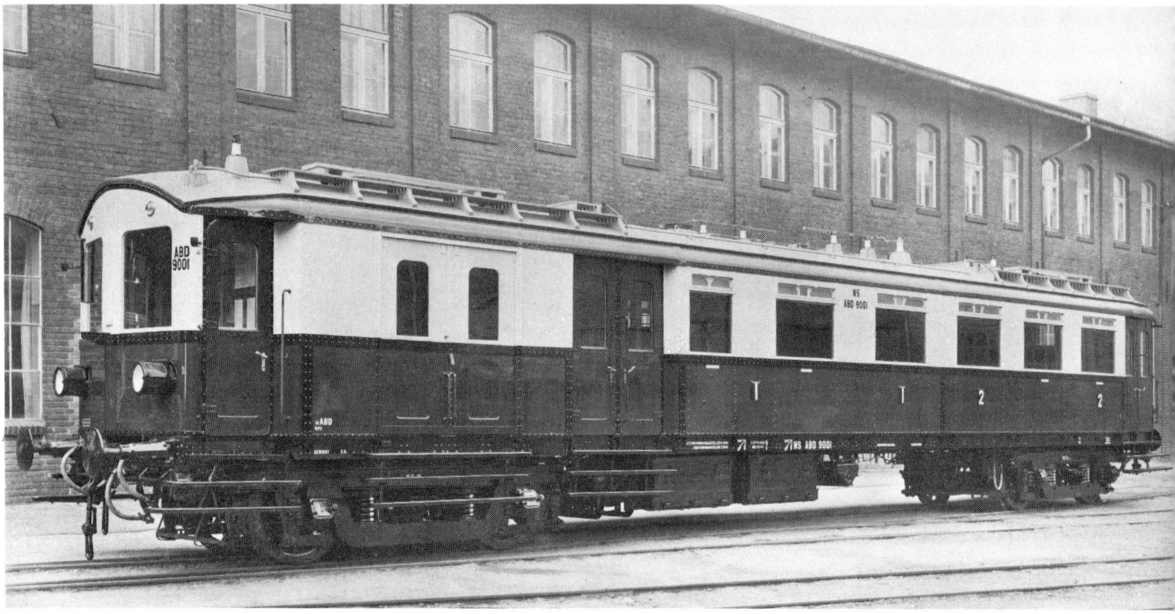

Type 6 mABD 9001. (foto Wümag, 1927 Görlitz)

afsluiten zodat zij steeds van voor- naar achterzijde van de trein konden lopen. De benaming mCd(oorloop) van deze rijtuigen werd in 1941 gewijzigd in mCv(ouwbalg) teneinde bij telegraferen en in de spreektaal geen verwarring te stichten met de in dat jaar in dienst gestelde mCD-rijtuigen.
Naast de gewijzigde draaistellen werden bij het materieel van 1931 de aanvankelijk uit koord gevlochten bagagenetten vervangen door metalen netten, het houten dak maakte plaats voor een stalen dak. De reeds in 1929 ingevoerde Hongaarse vouwbalgophanging bleef ook bij deze rijtuigen toepassing vinden.
Door al deze kleine wijzigingen bieden de electrische rijtuigen van 1931 toch een enigszins ander aanzien dan de rijtuigen van 1924.

mABD en Ces rijtuigen serie 9000 en 8100

Toen in 1927 op het traject Haarlem – IJmuiden de electrische tractie werd ingevoerd zijn voor deze dienst 4 mABD rijtuigen (9001-9004) aangeschaft die met de C 8101-8103 de 2-rijtuigtreinen voor dit baanvak formeren.
Deze 3e klasse rijtuigen werden voorzien van stuurstand, ondergebracht in een afgesloten wagenvoerdersafdeling, op één van de balkons zodat bij terugkeer uit IJmuiden deze volgrijtuigen voorop kunnen lopen. In uitvoering zijn zij verder geheel gelijk aan de C 8501-8536 doch zij missen de toiletinrichting.
Bij hun indienststelling hadden de motorrijtuigen 14 zitplaatsen in de eerste klasse compartimenten. In 1940 werden deze 14 plaatsen eerste klasse aangewezen voor facultatief I of II klasse reizigers. De indeling met middendoorloop bleef hierbij ongewijzigd. Op de balkons werden nog twee klapbankjes aangebracht.
In tegenstelling tot de in deze tijd algemeen gebruikelijke volwielen, kregen de 4 IJmuidense motorrijtuigen spaakwielen. Na 1932 werden deze motorwielassen bij wielbandvernieuwing vervangen door volwielen.
Daar de mABD 9001-9004 veel als enig motorrijtuig in de twee-rijtuigtreinen liepen, werden deze rijtuigen aanstonds met twee stroomafnemers (één voor reserve) in dienst gesteld.

Type 7 Ces 8103. (foto Quanjer, 30.8.34 Amsterdam Revisieloods)

Draaistellen

De blokkendozen kregen in 1923 de in Nederland nog zeer weinig toegepaste Amerikaanse of zwanenhalsdraaistellen. Hierbij is het frame opgebouwd uit 2 rechte langsliggers en enige dwarsverbanden. Het draagjuk buigt aan beide einden met de vorm van een „zwanenhals" naar boven om aldaar zijn steunpunt te vinden op de aspotten. De beide wiegveren en de 4 schroefveernesten verzorgen de afvering.

Dit type draaistel hadden de SS en NCS reeds in enige proefuitvoeringen gekend, maar tot serie-bouw had dit Amerikaanse draaistel zich vóór 1923 bij de NS niet ontwikkeld. De wielassen liepen, zoals in die tijd te doen gebruikelijk, in glijlagerpotten. Bij de eerste uitvoeringen had de smering van de astappen plaats met olie-kussens, sinds 1928 werden deze vervangen door de toen algemeen bekende KWP-vulling (katoen-wol-paardehaar). De bronzen schenen werden afzonderlijk gesmeerd. De trapjesvormige draaikommen en de schuifstukken worden gesmeerd vanaf oliebakjes die aan de stelbalken ter hoogte van de draaistellen zijn aangebracht. De schroefveernesten bestaan uit drie in elkaar sluitende schroefveren. De middellijn van dit verenstaal is voor de buitenveer ca. 2 maal zo groot als voor de derde – binnenste – veer. In volgorde gezien zijn deze drie schroefveren ten opzichte van elkaar steeds tegengesteld gewonden, de buitenveer rechts.

Deze veren hadden aanvankelijk een ronde doorsnede. Met het rijden op de ZHESM-lijnen sinds april 1926 bleken deze schroefveren sterk door te zakken. Daarom werd nog in hetzelfde jaar besloten stuggere veren van vierkant staal (dus van groter oppervlak in doorsnede) te gebruiken.

Waren de ronde veren te slap, de vierkante waren weer te stug, zodat er nu combinaties kwamen: buiten en/of middenveer vierkant, binnenveer rond. Ter onderscheiding kregen deze diverse soorten verennesten een streep verf van verschillende kleur.

Alle in 1931 voor de Noordhollandse lijnen gebouwde electrische rijtuigen kre-

Motordraaistel type M met remdrukregelaar en vierkante schroefveren. (foto Hawa)

Loopdraaistel type L met ronde schroefveren. (foto Wümag)

Motordraaistel type W met ronde schroefveren. (foto Beijnes)

Motordraaistel type W met hulpreservoir en remdrukregelaar. (foto Beijnes)

Loopdraaistel type V. (foto Beijnes)

gen in plaats van de zwanenhals-draaistellen, draaistellen waarbij het draagjuk niet meer gebogen boven, doch rechtuit onder de potten doorloopt en aldaar aan de pot is opgehangen. Hiermee werd een kleinere scheenslijtage, als gevolg van de meer stabiele stand van de potten, verwacht.
Het gebruik van kogel- en rollenlagers in de aspotten van electrische motor- en aanhangrijtuigen van spoor- en tramwegen, had tot voor een jaar of vijftig weinig of geen praktische toepassing gevonden. De electrische stroom oefende op het materiaal van de rollen een ongunstige invloed uit, met als gevolg breuk van deze lagers. Men bleef in deze gevallen glijlagers toepassen. Tenslotte mocht het de kogellagerfabrieken gelukken de kogels en rollen samen te stellen van een materiaal dat tegen de stroomloop was bestand. Dit succes deed in 1931 de NS besluiten in de potten van de nieuwe tussenrijtuigen de SKF-tonnenlagers toe te passen.
De Alkmaarse motorrijtuigen (BD 9151-9161, C 9425-9447) waren nog van M3-glijlagerpotten voorzien. Als proef werden alleen de BD 9160 en C 9425 met SKF-tonnenlagers in dienst gesteld. Deze proef bleek goed te hebben voldaan, zodat alle electrische stroomlijntreinstellen dan ook met rollenlagers in dienst werden gesteld.
In 1936 werd besloten de resterende 32 Noordhollandse motorrijtuigen gewijzigde rollagerpotten M met SKF-rollagers te geven.
Sinds 1940 is men begonnen de oude hoofdlijntussenrijtuigen van nieuwe rolla-

gerpotten (R 13) te voorzien. Deze wijziging is zeer traag en lang niet geheel uitgevoerd. Slechts 11 tussenrijtuigen werden hiermee in dienst gesteld.
Tijdens de bezettingsjaren werd in 1943 besloten de hoofdlijnmotorrijtuigen eveneens rollagerpotten, nu een derde type M 5, te geven. Nog voor de bevrijding kwam deze verbouwing gereed.

Remwerk

De in 1922 bestelde 22 motor- en tussenrijtuigen waren voorzien van Westinghouse snelrem. Tegenover de vroegere Westinghouse rem is het verschil, dat de snelrem een krachtiger remwerking geeft doordat de tripleklep is vervangen door de snelwerkende tripleklep.
Bij het remmen met de gewone Westinghouse rem, ontstaat een luchtdrukvermindering in de treinleiding. Hierdoor wordt via de tripleklep verbinding gemaakt tussen hulpreservoir en remcilinder. Wordt de rem gelost door vanuit het hoofdreservoir via de remkraan de druk in de treinleiding weer op te voeren, dan maakt de tripleklep verbinding tussen treinleiding en hulpreservoir maar tevens tussen remcilinder en buitenlucht. Met deze verbeterde en snelwerkende tripleklep stroomt bij een snelremming met een plotseling grote drukvermindering in de treinleiding van ca. 1½ atmosfeer, lucht uit de treinleiding rechtstreeks naar de remcilinder.
Bovendien wordt bij een niet alleen krachtiger beremming ook de tijd waarin de remmen aanslaan, verkort. De lucht uit de treinleiding behoeft nu niet uitsluitend via de remkraan van het krachtvoertuig weg te stromen om de rem in werking te laten treden.
De 6 motorrijtuigen van 1922 hadden één 16″ remcilinder, de 16 tussenrijtuigen één 14″ cilinder.
Sinds de bestelling van 1924 werd de hoge druk Wh-snelrem ingevoerd waarbij de motor- en tussenrijtuigen resp. werden uitgerust met 2 remcilinders van resp. 16″ en 14″ en 2 hulpreservoirs. De voorgaande rijtuigen werden sindsdien overeenkomstig gewijzigd waarvan de B 7501-7510 in 1925 bij hun verbouwing electrische rijtuigen werden.
De hoge druk snelrem is gelijk aan de gewone Wh-snelrem maar alleen met een inrichting om bij afnemende snelheid de remblokdruk te verminderen teneinde het glijden van het rijtuig te voorkomen. Het is de bedoeling van de hoge druk snelrem om bij een grotere snelheid de remweg te verkorten. Hiertoe is per rijtuig een tweede remcilinder aangebracht waarmee de remdruk bijna kan worden verdubbeld. Daar bij het afnemen van de snelheid van het rijtuig (minder dan ca. 45 km/h) de wrijvingsweerstand tussen remblok en wiel toeneemt, loopt men het gevaar, dat bij deze hoge remdruk en lage snelheden de wielen zo krachtig worden geremd, dat het rijtuig gaat glijden waardoor de gehele remwerking praktisch is verloren.

Remdrukregelaar

Ter voorkoming van dit glijden is aan de binnenkopbalk van ieder draaistel een remdrukregelaar aangebracht. Dit apparaat draagt zorg, dat bij toenemende wrijvingsweerstand en afnemende snelheid de remblokdruk wordt verminderd. Dit wordt bereikt door lucht uit één van de remcilinders af te voeren. De werking van deze remdrukregelaar wordt afgeleid van de remblokhanger.
De uitwerking van dit principe van verminderde remblokdruk bij lage snelheden

is afkomstig van de firma Westinghouse; door de firma Knorr in Duitsland is dit beginsel echter voor het eerst op grote schaal toegepast. Toen rijtuigen met hoge remdruk nog uitzondering waren, droegen deze aan beide zijwanden het opschrift van een wiel met aan twee zijden een remblok.
Deze hoge druk snelrem is voor de tot 1930 gebouwde rijtuigen verstelbaar op de Westinghouse snelrem.
Bij de eerste groepen tussenrijtuigen waren de remblokken bevestigd aan de algemeen gebruikelijke remdriehoek of triangel. De Noordhollandse tussenrijtuigen van 1931 kregen verzwaard remwerk. Zij werden uitgerust met remblokhouders, bevestigd aan de remblokhangers, met 2 sloffen en spie. De hierbij te gebruiken remblokken, voorzien van 2 nokken, waren groter en van een nieuw type zoals de motorrijtuigen dat reeds in 1924 hadden gekregen.
Bij de electrische rijtuigen van 1924 is het remwerk aangebracht op de wijze zoals dat bij alle vierassige rijtuigen gewoonte was. Het hulpreservoir, de tripleklep en remcilinder van de luchtdrukrem waren onder het midden van het rijtuig opgehangen. De overbrenging van de remkracht geschiedde via de diverse remwerkstangen naar de beide enkelvoudige remblokken ter weerszijde van ieder wiel.
Bij de rijtuigen van 1931 kreeg ieder draaistel zijn eigen hulpreservoir, tripleklep en remcilinder, zodat het gehele remwerk hier ingebouwd kon worden en de lange remwerkstangen konden vervallen. Een rubberslang met luchtkoppeling verbindt de luchtleiding in het draaistel met de betreffende pijpleiding in het onderstel.
De in 1931 en 1932 in dienst gestelde rijtuigen zijn uitgerust met een hoge druk Knorr snelrem. Deze rem is niet verstelbaar op de Knorr snelrem.
Wat bij de stoomlocomotief de luchtpomp werd genoemd, is bij de electrische tractie de compressor, bij de motorrijtuigen opgehangen aan het onderstel. Deze compressor pompt de lucht op spanning in het hoofdreservoir. Een automatische schakelaar zorgt, dat de compressor afslaat indien in het hoofdreservoir een druk heerst hoger dan 7½ atmosfeer. Zou de spanning beneden de 6½ atmosfeer dalen, dan begint de compressor weer automatisch te werken. Aan het hoofdreservoir is direkt de vulleiding verbonden. Een reduceerklep zorgt, dat de druk in deze leiding niet hoger oploopt dan 4½ atmosfeer.
Ter verbetering van de remwerking werd bij de blokkendozen de remdruk lager gesteld dan tot dien gebruikelijk. Met deze verlaagde remdruk beoogde men de kans op het vastzetten van de wielen en daarmee het glijden over de spoorstaven te verminderen. Tevens kon hiermee het gebruik van zandstrooiers worden vermeden.
Daar bij de Westinghouse rem de vul- en remleiding één zijn, kan men na sterk remmen niet rechtstreeks overgaan naar matig remmen. Dat kan alleen als de rem eerst geheel is gelost. Men kan de druk in de remcilinder alleen maar verminderen door de remkraan eerst in de losstand te plaatsen. Maar dan stroomt de lucht geheel weg uit de remcilinder en lost de rem. Daarna kan men matig gaan remmen. Het vasthouden van een lagere druk in de remcilinder is bij de Westinghouse rem niet mogelijk.
Uit een en ander blijkt, dat de Wh-rem, althans op voertuigen zonder andere remmende inrichtingen, niet is te gebruiken in bergachtig terrein. Door de steeds optredende, weliswaar geringe, lekkages en de uitputtelijkheid van het hulpreservoir gaat na enige minuten de remblokdruk afnemen. Rijdt men nu remmende met de Westinghouse rem een helling af, dan zal, als de snelheid begint op te lopen door verminderde remdruk, deze druk alleen kunnen worden verhoogd

door eerst de rem te lossen en de hulpreservoirs bij te vullen. Dit kan echter zoveel tijd kosten, dat intussen de snelheid zo is toegenomen, dat deze zelfs door de maximum remdruk slechts zeer gedeeltelijk is te matigen. Bovendien is bij hogere snelheden de wrijvingsweerstand tussen remblok en wiel nog afgenomen. In dit stadium heeft men de macht over de trein verloren. Het is de tijd nodig voor het lossen van de rem en het bijvullen van de hulpreservoirs die hier de mens parten speelt.
Bij het materieel 24 werken de beide remdrukregelaars van één rijtuig op één van beide remcilinders. Daar deze beide remcilinders, via de diverse remwerkstangen, gezamenlijk op de remblokken van de twee draaistellen van het rijtuig werken, wordt dus de totale remdruk verminderd, hoewel de remdruk in de andere remcilinder ongewijzigd blijft. De rijtuigen van 1931 die geheel ingebouwd remwerk in het draaistel hebben, zijn per draaistel van 2 remcilinders voorzien die beide aangesloten zijn op de ene remdrukregelaar van het betreffende draaistel. De beide remcilinders van de motorrijtuigen zijn aangebracht aan de buitenzijde van beide stelbalken van het draaistel. Iedere remcilinder heeft twee zuigers die zich bij het remmen in tegengestelde richting bewegen. Bij de tussenrijtuigen zijn het gewoon model remcilinders met één zuiger. Hier zijn de beide remcilinders in het midden van het draaistel ingebouwd.
Door deze remdrukvermindering is de kans op glijden praktisch gesproken uitgesloten.
Teneinde een gelijkmatige beremming te waarborgen, is de maximum treinlengte van de vierkante rijtuigen vastgesteld op 12 rijtuigen plus P IV.

Remversteller

Als tweede verbetering werd naast de remdrukregelaar de remversteller aangebracht, uitgevoerd door de Zweedse fabriek Svenska A.B. te Malmö. Deze dient om de afstand tussen remblok en wielband automatisch constant te houden. Zonder deze inrichting zou bij afslijten van remblok en wielband deze afstand steeds groter worden. Hierdoor gaat de rem trager werken, omdat het remblok een grotere weg moet afleggen. Ter voorkoming hiervan zorgt de remversteller, dat het afgesleten remblok in geloste stand van de rem weer dichter bij het wiel komt, waardoor bij het remmen de af te leggen weg constant blijft. Dit wordt bereikt door de slag van de zuiger in de remcilinder constant te houden. Remdrukregelaar en remversteller zorgen, dat een gelijkmatige beremming van de gehele trein wordt bevorderd.
De remblokslijtage wordt opgenomen door de remversteller. Van het electrische buffermaterieel zijn alleen de tussenrijtuigen met deze remverstellers uitgerust. Bij het ontwerp van de eerste 6 motorrijtuigen (BD 9001-9003, C 9001-9003) waren ook remverstellers aangebracht. Deze rijtuigen hadden toen tevens voor ieder wiel aan de kopbalkzijde van het draaistel een zandbak met een electrisch bediende luchtzandstrooier (4 stuks per draaistel).
Een en ander is echter reeds voor de indienststelling van deze 6 proefmotorrijtuigen vervallen. Bij de motorrijtuigen kan de remblokafstand tot de wielband nu alleen met de hand worden bijgesteld door middel van een aantal versteekgaten in de remwerkstangen onderaan de draaistellen.
Om de remblok- en wielbandslijtage te elimineren dient men de bout van één van deze remwerkstangen op gezette tijden te versteken. Zijn remdrukregelaar en remversteller niet aanwezig, dan zou het ene rijtuig krachtiger kunnen remmen dan het andere, hetgeen een stotende beremming in de hand werkt en spanningen

in het trekwerk kan doen optreden. Een dergelijk stotende beremming is ook gunstig voor het doen ontstaan van vlakke plaatsen op de wielbanden.

Verlichting

De verlichting van de tussenrijtuigen van het blokkendozenmaterieel geschiedt met lampen van 24 volt spanning. De hiervoor benodigde stroom wordt geleverd door een verlichtingsdynamo, aangebracht onder het rijtuig. Deze wordt vanaf één van de wielassen door middel van een riem aangedreven. Bovendien is er nog een accumulatorenbatterij die een 24 volt spanning levert bij stilstand of geringe snelheid van het rijtuig. Wordt de snelheid groter, dan neemt de dynamo deze taak over en wordt bovendien de batterij bijgeladen. Het regeltoestel, aangebracht in de toiletafdeling, zorgt voor de juiste samenwerking tussen accu's en dynamo. Bij het algemeen gevolgde systeem Brown Boverie Company wordt dit op de stelbalken van de rijtuigen aangeduid met BBC = 24.
Alleen bij de eerste 6 door de Nederlandse industrie gebouwde electrische tussenrijtuigen (B 8507-8512 ex B 7505-7510) is voor de verlichting het systeem Stone toegepast. Hierbij is het regeltoestel in het onderstel geplaatst.
Bij de motorrijtuigen was aandrijving van de verlichtingsdynamo vanaf één der assen niet mogelijk, daar bij deze rijtuigen de aanwezigheid van tractiemotoren zulks niet toeliet. De motorrijtuigbatterijen worden daarom bijgeladen door een 1.500 volt/24 volt motorgenerator die wordt aangedreven door de stroom van de bovenleiding.
In 1940 werd opdracht gegeven bij de L en V draaistellen de riemaandrijving van de dynamo te vervangen door de kettingaandrijving, waarbij de dynamo aan de kopbalk van het draaistel wordt opgehangen. Als gevolg van de oorlogsomstandigheden is deze constructiewijziging praktisch niet tot uitvoering gekomen. Na de oorlog kwamen deze rijtuigen voor een dergelijke wijziging niet meer aan de beurt. Bovendien deed in 1950 de cardanaandrijving haar intrede bij de NS en had de kettingaandrijving afgedaan.
Bij het N.H.-materieel werden in de eerste en tweede klasse de grote glasballons vervangen door kleine peervormige ballons, in de derde klasse werden het open plafonnières. De electrische lampen hadden bajonetsluiting. Teneinde de verlichting in de compartimenten van de A's te verbeteren, werd in 1933 opdracht gegeven de 25 watt-lampen te vervangen door 40 watt-lampen. Deze grotere lampen pasten niet meer in de glazen ballons reden waarom ook de A 8501-8527 plafonnières kregen. Een jaar later kregen alle blokkendozen in de compartimenten van de 1e en 2e klasse deze plafonnières met lampen van grotere lichtsterkte. In de 3e klasse waren voor de verlichting 20 watt-lampen geplaatst die met behoud van de ornamenten, nu konden worden vervangen door de vrij gekomen 25 watt-lampen.
Toen begin vijftiger jaren de NS begon met het aanbrengen van TL-verlichting in de rijtuigen, was de middenbalkonner 8560 één van de eerste rijtuigen waar deze verlichting werd aangebracht. Eind mei 1952 kwam de 8560 met de nieuwe verlichting uit de werkplaats. Verder kwamen de blokkendozen hiervoor niet in aanmerking.

Verwarming

Het materieel 24 wordt verwarmd door weerstandskacheltjes onder de banken. Er waren 2 typen, de ronde en de rechthoekige. Bij de eerst genoemde was het een

Interieur 1e klasse 1931. (foto Werkspoor)

Interieur 2e klasse 1931. (foto Werkspoor)

stalen cilinder met verwarmingselement en een groot aantal verwarmingsribben, bij de rechthoekige was dit verwarmingselement opgesloten in een met vele openingen geperforeerde rechthoekige stalen kast.
Sinds 1936 werden de verwarmingscilinders vervangen door de rechthoekige kasten.
Bij de tussenrijtuigen zijn via de verwarmingskoppelingen twee parallel geschakelde groepen van 17 in serie staande verwarmingselementen op de 1.500 volt leiding aangesloten. Voor de veiligheid van het personeel belast met het aankoppelen van de rijtuigen zijn de nodige voorzorgsmaatregelen getroffen.
Op de verwarmingsleiding kan alleen spanning staan als van het stroom leverende motorrijtuig de magnetische schakelaar in dit circuit is gesloten. Om dit te bereiken moet de spoel van deze schakelaar worden bekrachtigd. Deze bekrachtiging kan alleen plaatsvinden als de verst verwijderde koppeldoos van het eerste of tweede tussenrijtuig geheel is gesloten en de verwarmingskoppelingen goed zijn aangesloten.
Bij de motorrijtuigen is nog een tweede magnetische schakelaar aanwezig. Deze beveiligt de kacheltjes in het betrokken motorrijtuig zelf en is op gelijke wijze alleen gesloten als het deksel van de niet gebruikte verwarmingskoppeldoos (kopwandzijde) van dit motorrijtuig dicht is. Op deze wijze wordt het verwarmingscircuit in dit rijtuig gesloten.
Opmerking verdient, dat bij een gesloten trein van blokkendozen, ieder motorrijtuig ten hoogste aan twee tussenrijtuigen verwarmingsstroom levert. Ieder motorrijtuig verwarmt dus slechts zichzelf en zijn aangrenzende tussenrijtuigen. Uit verwarmingsoogpunt bezien, bestaat dus een blokkendozentrein uit zoveel delen als er motorrijtuigen in lopen. Deze delen zijn dan ook niet door verwarmingskoppelingen met elkaar doorverbonden. Deze onderbroken stroomkringen zijn noodzakelijk om aan de eis van de gesloten koppeldoos te kunnen voldoen.
Met een en ander is dus een electrische veiligheidsvergrendeling verkregen. De temperatuurregeling geschiedt automatisch door een thermostaat. De hiermee

beoogde gelijkmatigheid van temperatuur wordt echter door het op minder juiste wijze openen en sluiten van deuren en ramen door het publiek, niet steeds bereikt. Toen met de winterdienst van 1938 de AB 8510 en 8511 verwarmd zouden gaan doorrijden van Amsterdam naar Vlissingen, werden deze rijtuigen ingericht met een verwarmingsinstallatie waarbij warme lucht in de rijtuigafdelingen werd geblazen. Deze installatie bestond uit een verwarmingskoffer en ventilatormotor. Deze koffer kon tussen Dordrecht en Vlissingen worden aangesloten op de stoomverwarmingsleiding van de stoomlocomotief. Uiteraard konden gedurende de zomerdienst, als er geen stoomverwarming nodig was op de Vlissingse lijn, ook andere AB's van de serie 8501-8511 in deze treinen lopen, eventueel een verbouwde AB 8521-8524[I].

Ventilatie

Het electrische materieel was voorzien van dubbele ventilatievensters boven de grote ramen. Deze waren voorzien van geribd glas en konden in tegengestelde richting worden geopend. Daar tussen een klein rechthoekig vast ruitje. Het was de bedoeling om op warme dagen dàt raampje te openen dat lucht „hapte". Dit ventilatiesysteem werd echter en dan speciaal op koude dagen, niet altijd op de juiste wijze bediend en daardoor nog te dikwijls op lucht „happen" gesteld.
Het schoonmaken van dit geribde glas werd zeer bemoeilijkt. Reeds in 1928 werd daarom begonnen de geribde ruitjes te vervangen door gladde ruitjes.
Tenslotte bleek toch, dat de ventilatie in de rijtuigen te wensen overliet. Daarom is men ertoe overgegaan alle na 1928 te bouwen electrische motor- en tussenrijtuigen te voorzien van een aantal torpedo luchtkokers op de daken. Tevens werden deze inrichtingen op de reeds in dienst gestelde rijtuigen aangebracht.

Stoot- en trekwerk

De eerste series electrische rijtuigen kwamen in dienst met de klassieke korfbuffers voorzien van voluutveer. Nieuw was bij dit stootwerk de evenwichtsinrichting. Door in het onderstel achter de bufferbalk een balans aan te brengen tegen welke einden de verlengde bufferstangen aanliggen, zal, indien de trein door een boog loopt, de buffer aan de binnenzijde van de boog de buffer aan de andere zijde naar buiten drukken. Door in het midden van de balans een halve ronde uitsparing aan te brengen, kan de balans scharnieren om een taats die aan een dwarsbalk in het onderstel is geklonken. Bij een enigszins stijve koppeling van de rijtuigen zullen bij het doorlopen van een boog en door middel van deze evenwichtsinrichting rechter en linker buffers tegen elkaar blijven liggen hetgeen een rustige gang van de rijtuigen bevordert. Met slappere voluutveren in de bufferhulzen zou men enigszins hetzelfde bereiken, maar dan heeft men weer het nadeel dat deze veren grote stootkrachten, die kunnen optreden, onvoldoende opnemen. De C 9035-9037 waren de laatste rijtuigen van materieel 24 die met korfbuffers in dienst werden gesteld.
In 1928 werd begonnen de korfbuffers te vervangen door de Uerdinger ringveerbuffers. Hiermee werden ook de nadien gebouwde blokkendozen in dienst gesteld. De beide series 9001-9003 hadden eveneens de evenwichtsinrichting. Met de bestelling van 1924 verviel deze inrichting voor de motorrijtuigen. Er voor in de plaats kwam een gewijzigde verenigde stootinrichting, nu met een zware bladveer.

Pijpleidingen lucht, bekabeling en bedrading tussenrijtuig materieel 1924, met doorgaand trekwerk en trekwerkkast. (foto Wümag)

Pijpleidingen lucht, bekabeling en bedrading motorrijtuig materieel 1924, geen doorgaand trekwerk, noch trekwerkkast. (foto Wümag)

Het doorgaande trekwerk van de tussenrijtuigen was voorzien van scharnierende trekhaken. Achter deze scharnierpunten en tegen de beide hoofddraagbalken boven het draaistel lag aan voor- en achterzijde van het rijtuig de trekwerkkast met trekwerkveer. De trekstangen waren uit meerdere delen samengesteld. Bij het doorgaande trekwerk neemt niet het voertuig de trekkracht op maar de doorgaande trekstang. Dit kan als een voordeel worden beschouwd.
Bij de eerste 6 motorrijtuigen lagen, evenals bij de tussenrijtuigen, de beide trekwerkkasten met trekwerkveer tegen de twee hoofddraagbalken. Deze rijtuigen hadden echter geen doorgaand trekwerk, wel scharnierende trekhaken. Vanaf BD en C 9004 ligt deze trekwerkveer tegen de bufferbalk.
In 1927 werd begonnen ook het materieel 24 de verzwaarde trekhaak met 100 ton trekkracht en schroefkoppeling met 85 ton trekkracht te geven.
De normale wijze van koppelen van rijtuigen en wagens geschiedde door de schroefkoppeling van het ene rijtuig op de trekhaak van het andere te leggen. De schroefkoppeling van dit andere rijtuig wordt dan onbelast opgehangen aan de veiligheidskoppeling van het eerste rijtuig.
In 1949 werd internationaal besloten tot het weglaten van de veiligheidskoppeling. In dit geval dient dan aan de bufferbalk een haak te worden aangebracht voor het ophangen van de niet gebruikte schroefkoppeling. Het was echter de bedoeling het gebruik van de nood- of veiligheidskoppeling bij het electrische materieel van 1924 te handhaven. Deze rijtuigen bleven in de electrische dienst en als enig NS-materieel dubbel gekoppeld.
De dubbele schroefkoppeling (schroef- met veiligheidskoppeling) in de vorm zoals wij die kenden, is voor het eerst in 1877 als proef toegepast bij de Main-Weser Bahn. Dit geschiedde in opdracht van het Pruisische Ministerie met de bedoeling de bruikbaarheid ervan aan de praktijk te toetsen en algemene voorschriften omtrent vorm en sterkte vast te stellen. Daar alle spoorwegvoertuigen vóór de invoering van de veiligheidskoppeling aan iedere bufferbalk waren voorzien van 2 noodkettingen met haken, diende de nieuwe koppeling mede aan de eis te voldoen dat een voertuig met noodkettingen eveneens dubbel gekoppeld kon worden met een voertuig dat uitgerust was met de nieuwe koppeling. Uiteraard konden niet in één nacht de koppelingen van alle voertuigen worden veranderd. Dit zou een te kostbaar experiment zijn voor de diverse spoorwegmaatschappijen. Niettemin waren er na de fusie bij de NS nog rijtuigen en wagens met noodkettingen.

Vouwbalgen

Bij de indienststelling van de eerste electrische rijtuigen was de vouwbalgophanging van het model, zoals dat reeds jarenlang bij de gewone D-treinrijtuigen was toegepast. Deze oude constructie heeft echter voornamelijk het bezwaar, dat het opvouwen van de balg immer nogal moeite kostte, zodat de NS er sinds 1929 toe overging, de verbeterde of Hongaarse vouwbalgophanging toe te passen.
Het opvouwen van de balg is bij de Hongaarse ophanging door een over de balg heen lopende beugel aanmerkelijk vergemakkelijkt; tevens is de slijtage van de balgen door de meerdere ondersteuning in ontvouwde toestand, verminderd.
De in 1929 afgeleverde 4 motor- en 8 tussenrijtuigen kregen voor het eerst deze nieuwe ophanging van hun vouwbalgen, doch zij behielden nog de zwanenhalsdraaistellen, oud model bagagenetten en houten daken, welke onderdelen eerst sinds 1931 bij de toen nieuw gebouwde rijtuigen werden gewijzigd.

Hierdoor vormen de 12 rijtuigen van 1929 een overgang tussen het oude en het nieuwe materieel 24.
Na het succes van de Hongaarse ophanging werd nog bij 10 motor- en tussenrijtuigen de klassieke ophanging gewijzigd in een enigszins vereenvoudigde Hongaarse.

Beschildering

In navolging van de ZHESM werden ook de nieuwe electrische rijtuigen aan de bovenzijde geel en onder de raamlijsten groen geschilderd. Toen de B 7501-7510 in 1925 voor de electrische tractie werden verbouwd tot B 8503-8512, werden ook zij in de voor de electrische rijtuigen aangenomen kleuren geel en groen geschilderd.
In verband met de grote besmettelijkheid van geel, werd eind 1928 besloten alle electrische rijtuigen geheel groen te schilderen. De 4 motorrijtuigen BD 9029-9030, C 9038, C 9424 en de 8 tussenrijtuigen A 8525-8527, B 8529-8531, C 8535-8536 waren in 1929 de eerste geheel groen beschilderde rijtuigen. Daar men echter mocht verwachten, dat het personeel, werkzaam aan de weg, de electrische treinen met hun geheel donkergroen geschilderde kopwand eerst op korte afstand zou kunnen onderscheiden, werd gelijktijdig besloten om vlak boven de bufferbalk van de motorrijtuigen een brede rode band aan te brengen ter meerdere onderscheiding. Daar dit nog niet geheel afdoende was, werden sinds juni 1929 aan de bovenzijde van de kopwanden van de motorrijtuigen twee geel geschilderde driehoeken aangebracht.

Tractiepersoneel

Toen in 1927 de blokkendozen op de oude lijn gingen rijden, kreeg, in navolging van de ZHESM, het bedienende tractiepersoneel de functie van wagenvoerder-conducteur. In tegenstelling tot het personeel dienstdoende op de ZHE-lijnen, reed dit tractiepersoneel uit de depots Amsterdam en Haarlem practisch niet als conducteur. Maar de reglementen (RDV 1921) kenden toen geen andere benaming. Zij stonden in een lagere loonschaal dan de machinisten die nu eenmaal uitsluitend op stoomlocomotieven reden. Deze nieuwe tractie-mannen waren dan ook niet gerecruteerd uit stoommachinisten maar voor een groot deel uit depot-personeel en ook nog wel eens uit een andere functie. Met de verdere electrificatie, toen de vraag naar wagenvoerders groter werd en die naar machinisten een eerste neiging tot dalen ging vertonen, kwam in 1934 de benaming voertuigbestuurder naar voren. Dit waren ondermachinisten en leerlingen-machinist van de stoomtractie, later ook locomotief- en rijtuigpoetsers die mede bevoegd werden electrisch te rijden. Hier betrof het vooral de hoogzomer waarin op de ZHE een halfuursdienst Rotterdam Hofplein – Scheveningen Kurhaus werd gereden. In 1936 vond de functie wagenbestuurder ingang.
In 1938 waren beide benamingen wagenvoerder-conducteur en voertuigbestuurder verdwenen. Men sprak sindsdien uitsluitend over wagenbestuurders. Na de oorlog, toen de stoomtractie zienderogen achteruit ging, werd de naam wagenbestuurder weer vervangen door machinist. De komst van electrische locomotieven en nu de omscholing van vele stoommachinisten naar de electrische tractie, inclusief de hogere beloning als machinist, verklaren afdoende de terugkeer naar de oude functie.

Tractiemotoren en electrische installatie

Motoren

Bij de NS worden als electromotoren voor tractiedoeleinden sinds 1924 en tot op heden uitsluitend gelijkstroomseriemotoren gebruikt. Dit type motor heeft de volgende voordelen:

1. groot aanzetkoppel
2. goed regelbaar
3. robuust uitgevoerd
4. het opgenomen vermogen blijft bij toenemende snelheid ongeveer constant

Het veranderlijke aantal omwentelingen van de seriemotor maakt het mogelijk een laag aantal omwentelingen te leveren bij hoge belasting en een hoog aantal omwentelingen bij lage belasting.

Bij een seriemotor zijn de wikkelingen van veld en anker in serie geschakeld waardoor dit type motor een groot aanzetkoppel heeft zodat een grote aanzetstroom door de veldwikkelingen vloeit. Het feit, dat de seriemotor, wanneer deze onbelast loopt, een ontoelaatbaar hoog aantal omwentelingen zou maken is een nadeel, waarvoor men hier niet behoeft te vrezen. De motor is immers via de tandwieloverbrenging constant aan het rijtuig gekoppeld en kan dus nooit onbelast lopen. Men dient er echter op te letten, dat de trekkracht nimmer de adhesie mag overtreffen. Zou de trekkracht groter worden dan het adhesiegewicht, dan gaan de wielen doorslaan en men zou op deze wijze toch een te groot aantal omwentelingen krijgen. Daarom mag een gelijkstroommotor bij stilstand niet onmiddellijk op de volle bovenleidingsspanning worden aangesloten. Dat zou aanleiding geven tot verbranding van ankerwikkelingen door een te hoge stroom.

Serieschakeling van een aanloopweerstand met het anker is noodzakelijk. De seriemotor is niet gebonden aan een bepaald aantal omwentelingen doch kan lopen bij een wisselend aantal. Het is juist het bijzondere voordeel, dat het aantal omwentelingen automatisch vermindert indien er (bijvoorbeeld bij een stijging van de baan) een groter vermogen wordt gevraagd.

Evenals de stoommachine kan ook de seriemotor gedurende langere of kortere tijd belangrijk worden overbelast. De verbrandingsmotor mist in het algemeen de zo goede eigenschappen om een belangrijk wisselend aantal omwentelingen en overbelasting te kunnen opnemen. Hierdoor staat hij in dit opzicht bij de stoommachine en electromotor ten achter. Om bij een verbrandingsmotor toch het aantal omwentelingen van de wielas belangrijk te kunnen wijzigen, is het noodzakelijk een andere tandwieloverbrenging tussen motor- en wielas te plaatsen. Dit komt neer op het steeds meenemen van een vrij zwaar en gecompliceerd mechanisme.

Het voordeel van deze overbelasting is, dat men bij de electrische tractie lichtere

seriemotoren kan toepassen dan eigenlijk voor het aanzetten nodig zouden zijn. Deze kortstondige overbelasting kan gemakkelijk tijdens de aanzetperiode worden opgenomen. Toch moet het aantal stoppingen per tijdseenheid ook weer niet te groot worden, anders kunnen de steeds optredende temperatuurstijgingen bij het aanzetten van de motoren niet meer worden gecompenseerd door de geringere temperatuurdalingen tijdens de weinige minuten van rijden op volle snelheid en stilstand. Men denke in dit verband aan de vele stoptreinen op het baanvak Haarlem – Uitgeest, waar men met de reeds oudere blokkendozen zo ongeveer wel de maximum mogelijkheid heeft bereikt (18 km met 8 maal aanzetten). Ook het baanvak Amsterdam – Uitgeest (23 km met 7 maal aanzetten) en Velsen/IJmuiden Oost – IJmuiden (3 km met 3 maal aanzetten) zijn in dit verband niet gunstig.
Aangezien de rijdraadspanning over het gehele net niet constant 1.500 volt bedroeg, werden de motoren zo bemeten, dat zij bij een 10 % lagere spanning het verlangde vermogen leveren. Dit betekent – rekening houdende met het feit dat van ieder motorrijtuig constant twee motoren in serie zijn geschakeld – dat de spanningsval per motor 675 volt bedraagt. Dit getal werd dan ook bij de berekening van de motoren aangenomen als een uitgangspunt.
Onder uurvermogen wordt verstaan het vermogen dat een tractiemotor bij overbelasting een uur lang kan ontwikkelen zonder dat de temperatuur ervan stijgt boven een vooraf bepaalde toelaatbare waarde. Zou deze belasting nog langer duren, dan loopt men een redelijke kans dat de temperatuur te hoog oploopt met alle schadelijke gevolgen van dien.
Bij continu vermogen loopt de stroomsterkte minder hoog op en dientengevolge geldt hetzelfde voor het aantal ontwikkelde paardekrachten. Indien echter een zekere snelheid is bereikt, behoeft niet meer zo zwaar te worden getrokken waardoor bij een aanzienlijk lagere stroomsterkte dan bij zwaar trekken en overbelasting een belangrijk hoger aantal omwentelingen kan worden bereikt en daarmee een hogere snelheid.
Bij de toepassing van een shuntmotor als tractiemotor zou bij aanzetten – een shuntmotor is praktisch aan een konstant aantal omwentelingen en een konstante snelheid gebonden – een overmatig grote stroom nodig zijn om het vereiste meerdere vermogen te leveren en is daarom voor tractie ongeschikt. De gebezigde tractiemotoren zijn van het type TM 8, voor zover geleverd door Heemaf. Het zijn zelfventilerende motoren, in de draaistellen aangebracht volgens het principe van de tramophanging. Hierbij rust de motor met de ene lengtezijde op de aangedreven wielas in het draaistel, de andere zijde (de motorneus) is door middel van twee rubber blokken verend opgehangen aan een stoel die bevestigd is aan een dwarsbalk van het draaistel. Via een tandwieloverbrenging drijft de motoras deze wielas aan met een overbrenging van 23 (rondsel): 60 (tandwiel).
Bij deze overbrenging van de proefmotorrijtuigen was naar Amerikaans voorbeeld de schuine vertanding voor rondsel en tandwiel toegepast. Bij de volgende rijtuigen uit die jaren werd van deze schuine vertanding verder afgezien. Er werden weer rechte tanden toegepast voor rondsel en tandwiel.
Voor de van 1924-1932 gebouwde electrische motorrijtuigen (totaal 130 stuks) waren 520 stuks electromotoren nodig waarbij nog 74 (14 %) reserve motoren komen voor verwisseling bij motorrevisie.
Van deze totaal benodigde hoeveelheid van 594 electromotoren heeft de NV Heemaf te Hengelo er 338 stuks, de Metropolitan Vickers Ltd te Manchester er 204 stuks, de Siemens Schuckert Werke te Berlijn er 4 stuks en de NV Electro-

technische Industrie v/h W. Smit & Co. te Slikkerveer er 40 stuks gebouwd. Bovendien werden nog 8 stuks motoren fabrikaat Westinghouse/Heemaf geleverd. De gebouwde Heemaf motoren zijn van het type TM 8 (eerste uitvoering). Behalve de 4 SSW-motoren waarvan de ankeras in rollagers liep, waren de ankerassen van alle motoren die tot 1928 werden gebouwd, van glijlagers voorzien. Als proef werden de in 1928 afgeleverde mC 9035-9037 uitgerust met Smit motoren waarvan de ankeras is opgelegd in rollagers.
Sinds de bestelling in dat jaar van de mBD 9029, 9030, mC 9038 en mCd 9424 met Heemaf rollager motoren werd met de levering in 1931 der 122 motoren voor de Alkmaarse rijtuigen met de nabestelling van 30 motoren voor C 9443-9447 definitief overgegaan tot in rollagers opgelegde ankerassen.
Reeds voor de bevrijding werd begonnen de 40 Smit motoren in de draaistellen van de ZHESM rijtuigen te plaatsen. Na de bevrijding werden de oudste 4 motoren (die van SSW met rollagers) buiten dienst gesteld. Hoewel zoveel mogelijk de motoren van de sinds eind 1940 afgevoerde 20 vierkante rijtuigen (behalve die van de 12 vermiste motorrijtuigen welke als verloren moeten worden beschouwd) behouden zijn gebleven, zou men, ondanks het verkleinen van de reserve voorraad en na gereedkomen van de opbouwplannen, in 1952 toch nog TM 8 motoren tekort komen. Daarom werden er in 1948 bij Heemaf 20 stuks TM 8 motoren van het type 1930 bijbesteld. Onvoorziene omstandigheden voorbehouden en nog rekening houdende met de opbouw van 8 motorblokkendozen uit Budel, zou de situatie voor de tractiemotoren van deze rijtuigen eind 1952, in vergelijking tot eind 1939, dan als volgt worden:

Jaar:	Aantal motorrijtuigen	Tractiemotoren dienst	reserve	waarvan: glijlager	rollager
1939	130	520	74	438	156
1952	110	440	24	325	139

Met de bestelling van de electromotoren voor de series 301 en 801 en ter vervanging van middelerwijl af te voeren motoren type TM 8, werden voor het oude hoofdlijnmaterieel van 1924 nog 56 tractiemotoren van 264 pk type TM 711 bij Heemaf besteld teneinde de oude hoofdlijners ook op het middennet en de Gooilijnen te kunnen laten lopen.

Schakeling motoren

De tot en met 1932 gebouwde motorrijtuigen hebben 19 schakelstanden. Deze kunnen als volgt worden verdeeld:
8 seriestanden waarvan de eerste als rangeerstand kan worden gebruikt
2 overgangsstanden
7 parallelstanden
2 zwak-veld standen
De hoogste serie-, parallel- en zwakveldstand op de hoofdschakelwals zijn de economische rijstanden. Hierbij zijn alle weerstanden uitgeschakeld.
De motorschakeling is dan als volgt:

seriestand 1: alle 4 de motoren achter elkaar geschakeld, iedere motor ontvangt een vierde van de netspanning. Hierbij is het begrenzingsrelais kort gesloten om hiermee het automatisch uitschakelen van verdere weerstanden te voorkomen.

seriestanden 2-8: als stand 1 maar nu met inschakeling van het begrenzingsrelais.

parallelstand: de motoren worden in twee groepen van twee in serie geschakelde motoren verdeeld, iedere motor ontvangt de helft van de netspanning.

zwakveldstand: motorschakeling als vorige stand, doch het magnetisch veld van alle motoren is verzwakt door ca. 40 % van de hoofdpoolwindingen kort te sluiten.

De beide overgangsstanden zijn aangebracht om zonder stroomonderbreking te kunnen doorschakelen van serie naar parallel met toepassing van de brugschakeling. Het ontbreken van deze overgangsstanden was in het begin van deze eeuw goed merkbaar bij de Siemens-Schuckert schakeling van de stadstramrijtuigen. De stroomonderbreking was hierbij duidelijk voelbaar!

Zoals bij alle krachtvoertuigen met éénmansbediening, is ook bij de electrische motorrijtuigen de rijkruk op de hoofdschakelwals voorzien van een dodemansinrichting. Bij loslaten van de rijkruk wordt niet alleen de stroomloop automatisch verbroken, maar tevens de luchtdrukrem in werking gesteld.

De rangeerstand geeft, bij aanzetten met een trein, te weinig vermogen tengevolge van het blijvend ingeschakeld staan van alle weerstanden. De blokkendozen leefden nog in de tijd toen deze weerstanden waren uitgevoerd als gietijzeren platen. De roestvrij stalen banden kwamen pas in 1958 met de ElD2 371 en ElD4 761.

Door de NS wordt bij de electrische tractie de treinschakeling toegepast. Hierbij kunnen vanaf het voorste motorrijtuig ook de motoren van andere motorrijtuigen worden bediend. Door de wagenvoerder wordt op de hoofdschakelwals eerst de stuurstroom ingeschakeld. Deze stuurstroom wordt verkregen door een motorgenerator die aan de electromotorzijde direkt op de 1.500 volt leiding is aangesloten en aan de generatorzijde de vereiste stuurstroom levert. Deze heeft bij het buffermaterieel een spanning van 24 volt (bij lange treinen kan bij uitzondering deze spanning worden verhoogd tot 34 volt). Bij het schakelen in de eerste stand (rangeerstand) vloeit de stuurstroom via de betreffende doorlopende kabels en de eerste stand van de volgordewalsen naar alle eerste rijschakelaars van de motorrijtuigen van de trein. Door deze stuurstroom wordt in de rijschakelaars een magneetspoel bekrachtigd waardoor een door een veer belaste klepstang wordt bewogen. Hierdoor wordt een klep naar de luchtcilinder van deze schakelaar geopend en door de luchttoevoer de daarin bevindende zuiger omhoog gedrukt. Deze sluit nu enige contacten waardoor de hoofdstroomkring naar de motoren wordt gesloten.

Wordt nu doorgeschakeld van de rangeerstand naar de tweede stand (alle motoren in serie en weerstanden ingeschakeld) dan dienen deze voorgeschakelde weerstanden geleidelijk te worden uitgeschakeld. Dit geschiedt geheel automatisch door de volgordewals in zeven trappen. Immers, na het aanzetten loopt de sterkte van de motorstroom geleidelijk terug. Nu is in deze hoofdstroomkring een begrenzingsrelais geplaatst dat een kern opgetrokken houdt. Loopt de sterkte van de motorstroom nu terug, dan laat deze bij een vooraf bepaalde waarde de kern los. Hierdoor sluit deze kern enige contacten. De stuurstroom die nu door deze contacten vloeit, bekrachtigt de spoelen van de volgordewals. De zich hierin bevindende klepstangen worden bewogen waardoor lucht toe- resp. afgevoerd wordt in/uit een cilinder. Door het optredende luchtdrukverschil verplaatst de zuiger zich in deze cilinder en beweegt via een tandheugel, worm en tandwiel-

overbrenging de as van de volgordewals. Nu wordt door de enigszins gedraaide stand van de volgordewals de opvolgende rijschakelaar ingeschakeld. In de hoofdstroomkring die door deze tweede schakelaar wordt gemaakt, is nu een gedeelte van de weerstanden kortgesloten. Zo wordt door de stuurstroom via volgordewals en rijschakelaars alle weerstand successievelijk kortgesloten. Hetzelfde herhaalt zich wanneer in de volgende stand van de hoofdschakelwals de motoren parallel zijn geschakeld en de voorgeschakelde weerstanden wederom geleidelijk moeten worden kortgesloten.
Teneinde geen tegenstrijdige hoofdstroomkringen te veroorzaken door het blijven hangen van een rijschakelaar, hetzij in of uit, loopt de stuurstroom via twee hulpcontacten door alle rijschakelaars. Deze stuurstroomkring is dus alleen gesloten wanneer al deze schakelaars in de juiste stand staan.
Dit gehele electro-pneumatische systeem is de half-automatischetreinschakeling. De rangeerstand mag slechts even ingeschakeld blijven omdat anders de doorlopend instaande weerstanden te warm zouden worden. Bij de overige rijstanden worden die schakelingen gemaakt, waarbij geen uitwendige weerstand in de stroomketen aanwezig is. Deze economische standen worden automatisch ingeschakeld waarmee wordt bereikt, dat de aanloopweerstanden niet onnodig lang stroom blijven voeren. De door deze weerstanden in warmte omgezette energie is als verloren te beschouwen; men verwarmt er slechts de buitenlucht mee!
De volgordewals komt alleen voor bij de rijtuigen met electrische inrichting van Heemaf. Bij de Vickers installatie bekrachtigt de stuurstroom, die door het begrenzingsrelais vloeit, direkt de magneetspoel van de volgende rijschakelaar.
Na de oorlog werd het NS-schakelsysteem ingevoerd. Deze schakeling is te beschouwen als een vereenvoudiging van die van de firma Vickers en heeft dus ook geen volgordewals; in oktober 1946 toegepast bij C 9442.
Uit veiligheidsoverwegingen ontvangt — ten behoeve van het hoofdstroomcircuit — ieder motorrijtuig zijn eigen stroom van de bovenleiding. Hiervoor behoeft dus de 1.500 volt gelijkstroom niet van het ene rijtuig naar het andere te worden doorgevoerd. Deze doorvoering zou bij verkeerde toepassing van de veiligheidsvoorschriften en onjuiste behandeling van de doorvoerkabels ernstig levensgevaar voor het betrokken personeel kunnen veroorzaken.
De 1.500 volt verwarmingsstroom werd wel doorgevoerd. Maar zoals beschreven, werd deze doorvoer van minder vermogen dan de tractiestroom, met diverse veiligheidsmaatregelen omhangen.

Plan verhogen snelheid blokkendozen

Het aanvankelijke plan was, dit materieel zodanig te wijzigen, dat de rijsnelheid kon worden verhoogd tot 125 km/h. Hiertoe zouden de tractiemotoren worden versterkt.
Het plaatsen van motoren type TM 711 met een overbrenging van 27 : 56 in het oude hoofdlijnmaterieel, zou de treinen van dit materieel belangrijk sneller hebben gemaakt. De rijdraadspanning, die gemiddeld slechts 1.400 volt bedroeg, zou worden opgevoerd tot 1.500 volt en tenslotte zouden de volgende wijzigingen worden aangebracht om het materieel 1924 zo goed mogelijk te stroomlijnen:

1. draagpotten met rollagers
2. wegnemen van de leidingen op het dak
3. schortplaat voor het draaistel onder de hoofdstuurstand
4. dekplaat op de stelbalk, aansluitend op de onderzijde van de zijwand

5. gestroomlijnde plaatbekleding rondom de voetstukken van de stroomafnemers (kano's)

Tengevolge van de oorlogsomstandigheden kon alleen aan het laatstgenoemde punt een begin van uitvoering worden gegeven. Van vervanging van TM 8 motoren was vooralsnog geen sprake. Deze order werd dan ook tenslotte geannuleerd. Nog wel werd eind 1941 opdracht gegeven de bestaande tandwieloverbrenging van 23 : 60 te wijzigen in 27 : 56.

Na de oorlog werden diverse van deze wijzigingen alsnog op een aantal motorrijtuigen toegepast.

Hoewel de motorverzwaring niet werd uitgevoerd, is het niettemin belangwekkend een vergelijking te treffen tussen een motorblokkendoos met TM 8 en TM 711 motoren. Het is jammer dat materieel 1924 deze verbetering niet heeft mogen beleven.

Met een totaal gewicht inclusief passagiers van 260 ton blijkt dat:

1. bij snelheden boven ca. 60 km/h de trekkracht van de nieuwe motoren belangrijk hoger is dan die van de oude (bij 80 km/h 6,5 ton tegen 3 ton).
2. bij de nieuwe motoren wordt bij ca. 120 km/h de treinweerstand groter dan de trekkracht zodat dit getal bij een dergelijke treinsamenstelling de maximumsnelheid aangeeft. Voor de oude motoren is dit getal reeds ca. 95 km/h.

Alleen bij lagere snelheden tot ca. 60 km/h, is de aanzettrekkracht van de oude motoren (12-7 ton) groter dan die van de nieuwe (7 ton). Dit betekent dus, dat tot deze snelheid de oude hoofdlijners sneller aanzetten dan de vernieuwde, boven deze snelheid is het juist omgekeerd.

Als proef werden in 1937 2 motorrijtuigen en 2 tussenrijtuigen tot een treinstel (mBD 9128 – AB 8522^{I}–A 8522 – mCd 9410) gecombineerd voor snelheden van 120 km/h. Hierbij werden rubber stroomlijnlappen tussen de rijtuigen aangebracht. In 1939 had men deze proefnemingen nog verder willen uitbreiden met 6 motor- en 7 tussenrijtuigen. Aannemende dat deze proeven zouden zijn geslaagd, was het de bedoeling geweest om met de zomerdienst 1941 de snelheid van alle blokkendozentreinen tussen Amsterdam en Dordrecht te verhogen tot 120 km/h. Tengevolge van de inmiddels ingetreden oorlogsomstandigheden is dit plan slechts ten dele uitgevoerd. Om in 1939 deze proef zo volledig mogelijk te doen slagen, werden hiervoor mBD, mC en mCd rijtuigen met rollager potten aangewezen.

Hiervan waren er 3 rijtuigen met Heemaf en 3 met Vickers installatie. Voor de tussenrijtuigen werden rijtuigen met glij- en rollagers gebruikt.

Verbouwingen en vernummeringen

Het blokkendozenleven kunnen wij in 5 perioden indelen:

1923-1935	opkomst van de electrische tractie
1935-1945	periode van verbouwingen, de rijtuigen blijven in de electrische dienst
1945-1950	hergroepering van de overgebleven electrische rijtuigen
1950-1956	tweede periode van de blokkendozen
1956-heden	periode van de getrokken rijtuigen, motorpostrijtuigen en dienstmaterieel

Naast de kleine hoeveelheid ZHESM-rijtuigen domineerde reeds vóór 1938 het materieel 1924 met 259 rijtuigen en 202 km geëlectrificeerde spoorlijn. Dit had tot gevolg, dat wij in de jaren tot 1940 steeds grotere stoomlocomotieven buiten dienst zien gaan. Met de terzijdestelling in 1924 van de eerste 1300 (1378) schrokken de toen aanwezige 10 spoorwegliefhebbers. De electrificatie maakte het mogelijk daarna 1500en, 1600en, 2000en en 3200en voor sloop opzij te zetten. Nog voor de oorlog was de NS zelfs begonnen met hartjes, de natte 1700en, de bogen van de Staat, te slopen. Met de komst in 1935 van het electrische stroomlijnmaterieel en de verbouwing van een aantal rijtuigen tot lagere klassen, begon de blokkendozenglorie te tanen.
In 1930 werd de mechanische telling van de afgelegde kilometers van de motorrijtuigen ingevoerd. Daarbij was het noodzakelijk, dat gelijke nummers onder de diverse soorten electrische rijtuigen dienden te worden vermeden. Iedere serie werd in een eigen groep genummerd. Deze telmachines konden wel in cijfers maar niet in letters „denken". Daarom werden de motorblokkendozen die onderling gelijke nummers hadden, vernummerd als volgt:

oude nummers	nieuwe nummers:
mABD 9001-9004	mABD 9801-9804
mBD 9001-9030	mBD 9101-9130

Voor de tussenrijtuigen waren gelijke nummers geen bezwaar, die telden tijd in plaats van kilometers. Toen met ingang van 6 oktober 1935 het baanvak Haarlem-Zandvoort was geëlectrificeerd werd geen nieuw materieel in dienst gesteld, maar er waren voor deze lijn wel 2 AB's en 2 C's nodig. Daarom de verbouwing van 2 Aec-(type 3) tot ABec-rijtuigen (type 23). Hierbij is de rijtuigbak niet veranderd; slechts de ene afdeling die plaats bood aan 3 x 6 reizigers eerste klasse werd gewijzigd in tweede klasse met eveneens 2 open compartimenten nu met 7 plaatsen tegen de beide dwarsschotten en 1 dergelijk compartiment à 8 plaatsen in het midden. De andere eerste klasse afdeling die plaats biedt aan 4 x 6 reizigers

is ongewijzigd gebleven. Deze verbouwing betrof de A 8501-8502 in AB 8521-8522^{I}. Toen in 1938 de middenbalconrijtuigen AB 8510 en 8511 met stoomverwarming werden uitgerust ten behoeve van de doorgaande verbinding Amsterdam - Vlissingen in de treinen 1035/435/77, werden ter vervanging van deze 2 AB's in de electrische dienst in hetzelfde jaar de A-rijtuigen 8503 en 8504 verbouwd tot AB 8523 en 8524^{I}.
Tegelijk met de winterdienst 1935 werden de 3 benodigde treinstellen voor de stoptreindienst Amsterdam - Rotterdam ingekort van 3 tot 2 rijtuigen. De samenstelling werd nu een motor- met stuurstandrijtuig. De benodigde 3 stuurstandrijtuigen plus reserve plus 2 C's voor Haarlem - Zandvoort zouden worden verkregen door verbouwing van de 6 oudste B's uit 1923. Hiervoor werden aangewezen de B's 8507-8512 gebouwd bij Beynes en Werkspoor. B 8511 en 8512 werden dan verbouwd tot C 8599-8600. Hierbij werd het trijp op de zitbanken vervangen door leerdoek. Op de wanden werd plakdoek aangebracht. Het rijtuig werd geheel voor roken aangewezen. De 40 watt lampen werden wederom vervangen door lampen van lagere lichtsterkte zoals dat in die jaren paste voor derde klasse rijtuigen. Bij de B 8507-8510 zou op één balkon achter het voorste portier een schot worden geplaatst. Deze afgesloten ruimte zou dan bestuursafdeling worden in uitvoering als bij Ces 8101-8103. Achter het tweede portier werd dan een derde portier aangebracht waarbij de helft van het eerste compartiment verviel. Deze indeling werd nu geheel als bij mABD 9801-9804. De B 8507-8510 zouden dan worden vernummerd in Cesc 8107-8110. Reeds zeer spoedig stapte men van dit stuurstandrijtuigenplan af. De B 8507-8510 werden in 1935 op dezelfde wijze verbouwd als B 8511-8512, nu onder de nummers C 8595-8598.
Als stuurstandrijtuig werden de 4 Hawa C-rijtuigen 8501, 2, 6 en 7 (type 4) aangewezen. Constructief werd de verbouwing tot Cesc 8107-8110 (type 14) nu geheel anders. De beide stelbalken en daarmee het ene balkon werden met een stuurstand in model geheel als bij C 8101-8103, ca. 1 meter verlengd. Uitgaande van de oude Cec's is het hart van de aan deze zijde liggende hoofddraagbalk met draaikom 955 mm naar voren verplaatst. Hiermee onderging tevens het betreffende draaistel deze verplaatsing waardoor de draaistellen met een afstand van 13.955 mm hart op hart symmetrisch zijn blijven staan ten opzichte van de kopwanden.
Het jaar 1939 bracht het vernieuwingsplan van de blokkendozen. Hieraan vooraf ging de tijdelijke klasseverlaging van een aantal A en B rijtuigen om het tekort aan derde klasse rijtuigen voorlopig op te vangen. Vooruitlopend op het eerste gewijzigde vernieuwingsplan werden in 1939 de B's 8522-8531 aangewezen om tijdelijk als derde klasse rijtuigen dienst te gaan doen. Zulks geschiedde door de opschriften en klasseplaten „2" aan binnen- en buitenzijde te wijzigen in „3". Verder werd er aan deze rijtuigen niets veranderd. Sinds 1941 hebben de B's 8522-8527 weer als tweede klasse rijtuig gereden.
Om nu in 1939 weer aan het tekort aan 2e klasse zitplaatsen tegemoet te komen, werden de A 8524-8527 en AB 8524^{I} als tweede klasse rijtuig aangewezen eveneens zonder enige verbouwing. Ook hier werden alleen de opschriften eerste klasse gewijzigd in tweede klasse. Daarom behoefde een en ander dan ook niet in de werkplaats Haarlem te gebeuren. Dit kon aan de Revisieloods Amsterdam Oostzaanstraat worden uitgevoerd.
Het originele vernieuwingsplan 1939 zou beginnen met de verbouwing van B 8514-8523 tot ABec 8551-8560 en B 8524-8533 tot Ce8c 8585-8594; B 8501-8506, 8513 zouden dan als Bec behouden blijven. Dit plan werd reeds zeer spoedig in

Type 14 Cecs 8109. (foto NJvWJ, 15.10.48 Utrecht)

zoverre gewijzigd dat Bec 8532 en 8533 als Bec behouden bleven. Dientengevolge zouden dan B 8506, 8513-8521 worden verbouwd tot ABec 8551-8560 en B 8522-8531 tot Ce8c 8585-8594. Met deze eerste wijziging van het verbouwingsplan waarbij de aantallen te verbouwen rijtuigen ongewijzigd bleven, werd bereikt, dat de enigszins afwijkende en jongste Bec's 8532 en 8533 als tweede klasse rijtuigen bleven bestaan.
In januari 1940 werd het plan 1939 voorzover betreft de verbouwing van Bec's, ten tweede male gewijzigd. Dit plan werd in de komende jaren uitgevoerd. Hierbij bleven geen Bec's behouden: B 8501-8506, 8513 werden nu Ce8c 8588-8594 in uitvoering geheel als C 8595-8600 en B 8514-8533 zouden dan ABec 8551-8570 worden.
Aanvankelijk werden alleen de B 8500en verbouwd en geen A 8500en. Nog voor de oorlog werd besloten ook de A's te verbouwen tot AB's. De nog te nummeren AB 8551-8570 en C 8588-8594 werden nu vernummerd in AB 8531-8550 en C 8581-8587. De verbouwing van B 8501-8506, 8513 was aanvankelijk opgedragen aan wpc Utrecht doch in verband met de zeer vertraagde uitvoering ervan is wpc Haarlem er mee belast geworden.
Bij de verbouwing van deze B-rijtuigen tot AB's heeft zich het in de spoorweghistorie weinig voorkomende geval voorgedaan, dat afdelingen tweede klasse werden gewijzigd in compartimenten voor facultatief eerste of tweede klasse reizigers. Jarenlang hebben de spoorwegmaatschappijen het beginsel gehuldigd om oudere eerste en tweede klasse rijtuigen en rijtuigafdelingen tot een lagere klasse te verbouwen. Slechts een heel enkele maal werd bij verbouwing tot klasse-verhoging overgegaan.
Bij deze wijziging werden de vier open tweede klasse compartimenten aan één zijde van de toiletafdeling geheel uitgebroken en vervangen door een zelfde aantal gemoderniseerde eerste klasse compartimenten die van de langslopende zijgang door deuren afsluitbaar zijn (type 22, 33). Het interieur ervan is geheel als bij het Bk rijtuig van de in 1937/1938 in dienst gestelde 3-rijtuigtreinstellen 601-637. Deze Bk's waren de eerste rijtuigen bij de electrische tractie met afgesloten compartimenten. De beide andere afdelingen tweede klasse zijn ongewij-

C 8185 (foto NJvWJ, 16.10.50 Budel)

zigd gebleven. Teneinde een overgang te kunnen krijgen tussen zijgang in de ene rijtuighelft en middendoorloop in de andere, verviel bij deze verbouwing één van beide toiletinrichtingen.
Hoewel de wijziging van deze 20 B's aan de NS-werkplaatsen te Utrecht was toegewezen, werd de B 8521 te Haarlem verbouwd. Deze B was eind december 1940 bij het spoorwegongeval tussen Voorschoten en Den Haag ernstig beschadigd. Het rijtuig werd voor herstelling naar Haarlem vervoerd. Bij deze opbouw werd het tevens gewijzigd in AB 8538.
In 1941 werd met de verdere verbouwing begonnen. De laatste B ging in 1949 buiten dienst.
Het was de bedoeling om bij de electrificatie van het Gooi nog 7 B's (8501-8506, 8513) tot C's te verbouwen. Aangezien dit plan reeds van vóór de oorlog van 1940 dateerde en in de mei-dagen van dat jaar B 8504 door het oorlogsgeweld verloren ging terwijl na de oorlog B 8502 en 8503 werden afgevoerd, bleven de 3 C-nummers die deze rijtuigen zouden krijgen (C 8582-8584) open. Het vierde rijtuig, de B 8505, heeft te Budel – evenals alle andere daar staande rijtuigen – wel het gewijzigde nummer C 8185 gekregen, maar is door zijn slechte toestand niet meer voor herstelling in aanmerking gekomen. Dit rijtuig werd in januari 1952 buiten dienst gesteld.
De benaming van de nieuwe C-rijtuigen was eerst, evenals die van de serie C 8501-8555, eveneens Cec. Ter onderscheiding hiervan werd in 1942 de benaming Ce8c voor de serie 8581-8593 ingevoerd. De 3 resterende B's werden eerst na de oorlog tot C's verbouwd.
De Aec's 8505-8508, 8510-8527 (type 3) en ABec's 8521-8524 (type 23) werden tot ABec's verbouwd met zeer fraaie en gemoderniseerde tweede klasse afdelingen (type 23 A). Toen in februari 1940 werd besloten de Aec-serie tot ABec's te verbouwen, werden tevens de 4 AB's 8521-8524 (die eveneens afkomstig waren van de bovenbedoelde Aec-serie) op geheel gelijke wijze vernieuwd. Bij deze verbouwing werd de afdeling à 4 compartimenten voor 6 personen eerste klasse ongewijzigd gelaten. De andere afdeling met 3 compartimenten eerste, resp. tweede klasse, werd geheel uitgebroken en vervangen door met deuren afsluitbare compartimenten voor tweede klasse reizigers. De smalle toilet-afdeling aan de zijde van de éénpersoonsbanken eerste klasse is vervallen teneinde de zijgang van

de tweede klasse afdeling te kunnen aansluiten aan de middendoorloop in de eerste klasse. Deze ABec's hadden na hun verbouwing de merkwaardige eigenschap dat de tweede klasse compartimenten geriefelijker en moderner waren ingericht dan de ongewijzigde eerste klasse.
Volgens het oorspronkelijke wijzigingsplan zouden juist de nu 3 verbouwde compartimenten à 6 personen eerste klasse zijn gebleven en het niet verbouwde gedeelte à 4 x 6 plaatsen als tweede klasse worden ingericht. Nog voor de indienststelling in 1941 van de verbouwde ABec 8502 en 8522^{II} werd dit plan gewijzigd als thans uitgevoerd. Het heeft in de bedoeling gelegen ook deze verbouwing aan de NS-werkplaatsen te Utrecht uit te voeren. Dit plan is echter gewijzigd in Haarlem alwaar de gehele serie werd verbouwd.
Daar de in 1935 en 1938 in dienst gestelde AB $8521\text{-}8524^{I}$ (ex A 8501-8504) ouder zijn dan de overgebleven A 8505-8527, lag het voor de hand deze 4 AB's te vernummeren in AB 8501-8504 en de verbouwde A's de nummers te geven vanaf AB 8505.
Tenslotte werd bij de ABecm 8555-8559, resp. 8551-8554 in de jaren 1941/1942 het interieur voor de helft geheel gemoderniseerd. De AB 8551-8559 (type 10) werden verbouwd van de in 1931 in dienst gestelde AB's voor de lijn Amsterdam - Alkmaar. Hierbij werd de eerste klasse afdeling geheel uitgebroken en de compartimenten gewijzigd in model als bij de ABec's 8501-8527 en 8531-8550 (dus met afsluitbare compartimenten en zijgang, type 30). Genoemde afdeling werd nu facultatief eerste of tweede klasse waarbij het totaal aantal zitplaatsen onveranderd bleef. De beide toilet-afdelingen zijn blijven bestaan, daar deze zijn aangebracht in de tweede klasse afdeling die ongewijzigd werd gelaten.
Tot en met 1940 droegen deze AB's de nummers 8501-8511; in genoemd jaar werden zij vernummerd in AB 8551-8561. Ook de benaming werd gewijzigd. Aanvankelijk was deze ABec. Teneinde echter deze middenbalkonrijtuigen te onderscheiden van de sindsdien verbouwde AB's van de series 8501 en 8531 met eindbalkons, werd in 1941 deze benaming veranderd in ABecm.
De rijtuigen AB 8560 en 8561 werden niet gemoderniseerd.
Het vernieuwingsplan 1939 van het oude hoofdlijnmaterieel, zoals gewijzigd na de mei-dagen van 1940, bracht ook voor de motorrijtuigen de nodige verbouwingen met zich mee.
De mBD rijtuigen 9101-9111, 9113-9127 en 9151-9161 zouden worden gewijzigd in mCD's. Ook bij deze verbouwing werd het groene trijp dan vervangen door leerdoek. De bankindeling bleef hierbij onveranderd. De mBD 9101-9130 waren aanvankelijk geheel voor roken, de mBD 9151-9161 geheel voor niet roken aangewezen. Als mCD's kregen beide series 2 afdelingen niet roken en werden 3, resp. 2 compartimenten met het aangrenzende balkon, voor rokers aangewezen.
In 1941 werd met de BD 9113 begonnen de mBD's te verbouwen tot mCD's met dezelfde nummers. Reden deze rijtuigen in een trekkracht in plaats van een mBD en liep een dergelijke eenheid als voortrein in de personendienst, dan werden enige compartimenten derde klasse van deze mCD's weer aangewezen voor tweede klasse.
In 1942 werden aan de werkplaats te Haarlem de BD 9120 en 9121 en in 1943 de BD 9108 en 9126 tot mCD verbouwd. In tegenstelling tot de CD 9108 en 9120 heeft de CD 9126 nimmer als motorrijtuig derde klasse dienst gedaan. Dit rijtuig heeft van 1943-1945 opgeborgen gestaan en daarna van 1946-1949 als tussenrijtuig gereden in de 4-rijtuigtreinstellen. Hetzelfde geldt voor mCD 9121, nu echter met betrekking tot het tijdperk 1942-1945, resp. 1946-1947. Sinds 1947 is de mCD

CD 9126 als tussenrijtuig. (foto NJvWJ, 9.5.48 Amersfoort)

9121 als motorrijtuig derde klasse blijven rijden. De CD's 9121 en 9126 konden tijdens de bezettingsjaren nog niet in dienst worden gesteld bij gebrek aan tractiemotoren. In verbouwde toestand werden deze twee rijtuigen toen opgeborgen in de oude locomotiefloods te Haarlem.
Evenals de B 8521 was eind december 1940 ook de BD 9121 bij het spoorwegongeval tussen Voorschoten en Den Haag in de naast de spoorlijn lopende sloot terechtgekomen en daarbij zwaar beschadigd. Dit rijtuig werd toen als mCD weer opgebouwd.
In 1949 werd de mCD 9126 weer terug verbouwd tot 2e klasse, nu onder het nummer BD 9172. De mBD's 9128-9130 zouden worden vernummerd in mBD 9171-9173. Zij bleven dan als tweede klasse rijtuigen in dienst voor de stoptreinen Den Haag - Haarlem om met de stuurstand C's 8107-8110 te rijden. Dit plan is door de oorlog anders gelopen. Tijdens de spoorwegstaking werd BD 9129 naar Duitsland afgevoerd. Dit rijtuig kwam zo zwaar beschadigd terug, dat het na de bevrijding werd gesloopt. Voor verbouwing tot BD 9172 werd nu de CD 9126 aangewezen. In 1949 werd de BD 9128 vernummerd in BD 9171. Reeds in 1948 was de BD 9130 als BD 9173 in dienst gesteld. Evenals de CD 9101-9127 kregen ook de BD 9171-9173 2 afdelingen niet roken en 3 afdelingen roken als gevolg van het feit, dat in de stoptreinen deze BD's de enige rijtuigen zouden zijn met tweede klasse compartimenten. Op de balkons werden nog twee klapbankjes aangebracht.
Eerst na de bevrijding werd begonnen de BD 9151-9161 tot derde klasse rijtuigen te verbouwen. Diverse mCD's hebben met hun nieuwe derde klasse inrichting sindsdien toch weer als tweede klasse dienst gedaan als gevolg van een tekort aan behoorlijk ingerichte tweede klasse rijtuigen. Ook de tussenrijtuigen C 8581-8593 hebben na de oorlog jarenlang als B dienst gedaan. Daar tegenover reden nog niet verbouwde mBD's met oude tweede klasse bekleding als derde klasse rijtuigen.

Met de electrificatie van de Gooilijnen zouden de Aec en Bec rijtuigen geheel zijn verdwenen en de mBD rijtuigen nagenoeg. Het aantal ABec's werd belangrijk uitgebreid. Tenslotte kwam het nieuwe type mCD in dienst.
Het minder fraaie van dit wijzigingsplan 1939 was, dat de aanvankelijke indeling van gehele rijtuigen met vrijwel één klasse, werd gewijzigd in een meer ingewikkeld systeem van vele gemengde eerste en tweede klasse rijtuigen met facultatieve I/II klasse compartimenten waaronder weer afdelingen voor roken, facultatief niet roken. Hoewel het interieur van de verbouwde rijtuigafdelingen verbeterd is, is het jammer, dat van het oude hoofdlijnmaterieel de gelijkvormige en eenvoudige indeling met middendoorloop toen werd verbroken.
Het aanvankelijke plan 1939 om in de oude derde klasse rijtuigen (mC, mCd, Cec, Ces en Cesc) het aantal zitplaatsen per rij te verminderen van 5 tot 4, heeft reeds vóór de oorlog van 1940 voorlopig geen voortgang gevonden. In verband met de zitplaatsennood derde klasse kon men toen al ongaarne bijna 2300 plaatsen opofferen om ruimere zitplaatsen te verkrijgen. In 1941 werd dit plan definitief opgegeven. Bij de genoemde C's werd alleen begonnen de zitbanken met leerdoek te bekleden; het aantal zitplaatsen is ongewijzigd gebleven. Wel behielden de van tweede klasse rijtuigen verbouwde derde klasse afdelingen hun vier plaatsen per rij.
Bij de verbouwde eerste en tweede klasse afdelingen van de series AB 8501-8559, werden in de zijgangen en op de balkons klapbankjes aangebracht. In de oorspronkelijke opzet was dit niet de bedoeling; eerst in 1941 ging men hiertoe over. Het plan om de banken tegen de balkonschotten in de te wijzigen eindcompartimenten van deze ABec's twee zitplaatsen te geven en daardoor de overgang van balkon naar zijgang wat ruimer te maken, werd reeds in 1940, nog voor de verbouwing was begonnen en voor zover betreft de eindbalkons, gebracht op het normale aantal van drie plaatsen. In 1941 werden nog de twee plaatsen tegen het middenbalkonschot van AB 8551-8559 veranderd in drie. De overgang van balkon naar zijgang was door een en ander wat nauwer geworden. Daar tegenover stond, dat het aantal zitplaatsen in de verbouwde gedeelten met één, resp. twee plaatsen kon worden vermeerderd. Het reizigersaanbod was in die jaren zodanig, dat men met de beschikbare plaatsen diende te woekeren.
Ook werd bij het electrische hoofdlijnmaterieel in 1941 begonnen de omklapbare bordjes met de woorden „In" en „Uit", te vervangen door de veel duidelijker lichtbakjes met deze woorden. Toen in 1944 de gescheiden in- en uitgang was vervallen omdat niemand zich er meer aan hield, werd deze wijziging niet verder voortgezet.
De uiterst precaire koperpositie die in de loop van de oorlogsjaren was ontstaan, leidde van Duitse zijde steeds tot nieuwe aanslagen op de nog in gebruik zijnde hoeveelheden koper. Daarom werden dan ook de koperen leuningen van banken aan de zijde van de middendoorloop van deoriginele derde klasse rijtuigen afgenomen en veilig opgeborgen.
De maximum snelheid van diverse typen blokkendozen was 100 km/h. In 1938 werd dit verhoogd tot 110 km/h in de gewone dienstuitvoering. Bij het inrijden van vertragingen mocht deze snelheid worden opgevoerd tot 115 km/h. Sedert de bezetting werd dit getal weer teruggebracht op 100 km/h.

C 9018 – C 9434 – ABD 9803 ontsporing door sabotage. (verz. NJvWJ, 8.9.44 Veenendaal/De Klomp-Ede)

Oorlogsschade

Van de 254 blokkendozen waarmee de NS de bezettingsjaren doorkwam, stond er in mei 1945 praktisch niets meer ter beschikking. 186 Stuks waren er vermist, de resterende 68 rijtuigen waren weliswaar in Nederland achtergebleven maar verkeerden meer in zeer ernstig beschadigde toestand dan in de status van licht beschadigd.
De 3 beste rijtuigen waren C 9001, 9013 en 9410 te Eindhoven. Zij waren in orde maar moesten wel nog electrisch worden beproefd. In Blerick stonden ABD 9801, BD 9122, 9153, C 9012, 9423 met onbeschadigde stuurstanden maar met veel glasschade, stuk gesneden trijp, resp. leerdoek van de banken. Eindhoven en Blerick waren reeds veel eerder bevrijd, daar hadden de Duitsers minder kans gehad voor vernieling.
Het schadebeeld liep bij het overige achtergebleven materieel steeds achteruit tot in Geldermalsen waar de volledig uitgebrande C 9424, AB 8502, 8518 en B 8502 stonden. Deze rijtuigen werden dan ook in 1947/1948 afgevoerd. Alleen de AB 8553, die eveneens in dit gezelschap verkeerde, werd in 1947 hersteld. Van binnen geheel uitgebroken met een gat in het dak overleefde hij deze schade.
In vrij desolate toestand verkeerde ook de trekkracht ABD 9803 - C 9434 - C 9018 die in zwaar beschoten toestand werd aangetroffen tussen de Klomp en Ede/Wageningen. Begin september 1944 had de ondergrondse door vernieling van de spoorlijn genoemde trekkracht tot ontsporing gebracht. Deze rijtuigen werden eveneens hersteld.

Rijdbaar was de tot Rode Kruis-trein ingerichte combinatie BD 9151 - AB 8559 - C 8103 - C 9415 - C 9422 - C 9427 - C 9031 die te Franeker werd gevonden. Ook aan de werkplaats te Haarlem en bij Werkspoor Utrecht stonden nog een dozijn blokkendozen. Enige rijtuigen waren geheel uitgebrand. Zij stonden daar reeds van vóór de spoorwegstaking en zouden onder de nu gewijzigde omstandigheden niet meer worden hersteld. Het waren C 9006 (Hlm) en BD 9109, C 9439 (Werkspoor). Behoudens de bovengenoemde rijtuigen waren in Nederland achtergebleven:

BD	9101/4/6/14/15/16/26/28
C	9002/8/27/33/35
C	9404/11/21/42
A	8506
AB	8508/11/21/22/24/25/44
B	8506/13
C	8109
C	8503/4/8/12/14/15/19/26/28/43/46/51/54/95

Dit resterende materieel 24 stond steeds verspreid met enkele rijtuigen op verschillende grote en kleine stations (Delft), ook ver buiten het electrische gebied (Den Helder, Zwolle, Onnen). Tenslotte liepen er nog een aantal „vermiste" electrische motor- en tussenrijtuigen (C 9007, 9401, 9430, 8107, 8505/27/42/48, AB 8532/38/51) als getrokken rijtuig in Engelse en Amerikaanse militaire verlofgangerstreinen. Men zag hen in Nederland rijden maar niet bereikbaar voor NS, dus vermist. Eind 1945/begin 1946 waren zij weer bij de NS terug. Opschriften die deze toch min of meer beschadigde rijtuigen droegen als „Connecticut Yankee", „diningroom" en „trans-continental" getuigden wel van een zeker optimisme.
De voornamelijk in Duitsland vermiste rijtuigen stonden eveneens in kleine aantallen op kleine stations. De DRB heeft er in de winter 1944/1945 wel een gesleep mee gehad! De toestand van deze rijtuigen was over het algemeen slecht. Vooral de eerste en tweede klasse banken (speciaal het trijp) en accubatterijen waren zeer gewilde artikelen.
In 1948 was het materieel 1924 waar mogelijk hersteld en in dienst. De 12 zwaar beschadigde rijtuigen waren in de jaren 1946-1948 afgevoerd.
De uit Duitsland teruggekomen en door het oorlogsgeweld wat minder beschadigde 15 rijtuigen (inclusief de na de oorlog bij NS beschadigde BD 9105) werden eind 1949 door Werkspoor 's-Hertogenbosch geconserveerd voor opbouw in de komende jaren. Bij deze conservering werden manco ruiten en portieren vervangen door planken. De rijtuigen werden daarna te Budel opgeborgen. Dit betrof de BD 9117/24/54, C 9011, 9420/30/45, AB 8531/34/39/40/45/54 en de B 8505. Ter toelichting moge dienen dat Werkspoor te 's-Hertogenbosch een tijdelijke hulpwerkplaats had ingericht ongeveer op de plaats van het huidige spoorwegpostterrein. De 25 blijvend vermiste rijtuigen – waarvan enige in Oostenrijk, Polen en het huidige Oost-Duitsland – werden in 1949 afgeschreven. In dat jaar waren de resterende 202 blokkendozen in dienst.

AB 8548 – AB 8545 – AB 8547. (foto NJvWJ, 5.8.49 Utrecht)

C 8185 op transport om als woning dienst te gaan doen te Nuenen. (verz. NJvWJ)

C 8185 woonwagenkamp. (foto NJvWJ, 30.5.54 Geldrop)

COPPELMANS
COPPEL'MANS TRANSPORT

Mutaties materieel 24 1939-1950

stand per 31.12	39	af	40	bij	af	41	bij	af	42	bij	af	43	bij	af	17.9 44	8.5.45 NS def.	8.5.45 ver-mist	31.12.45 NS i.d.	31.12.45 NS def.	31.12.45 ver-mist
mABD 9801-4	4	–	4	–	–	4	–	–	4	–	–	4	–	–	4	2	2	1	2	1
mBD 9101-30	30	1	29	–	1	28	–	1	27	–	1	26	–	–	26	10	16	6	9	7
mB^{4}D 9151-61	11	–	11	–	–	11	–	–	11	–	–	11	–	–	11	2	9	1	3	7
mC 9001-38	38	–	38	–	–	38	–	–	38	–	–	38	–	–	38	11	27	11	15	12
mCv 9401-47	47	1	46	–	–	46	–	–	46	–	–	46	–	–	46	12	34	12	21	13
mCD 9101-30	–	–	–	1	–	1	1	–	2	1	–	3	–	–	3	–	3	4	2	1
mC4D 9151-61	–	–	–	–	–	–	–	–	–	–	–	–	–	–	–	–	–	–	–	–
Aec 8501-27	23	1	22	–	1	21	–	9	12	–	9	3	–	2	1	1	–	–	–	–
Bec 8501-33	27	1	26	–	3	23	–	9	14	–	6	8	–	2	6	3	3	1	4	1
Ces 8101-3	3	–	3	–	–	3	–	–	3	–	–	3	–	–	3	1	2	–	1	2
Cesc 8107-10	4	–	4	–	–	4	–	–	4	–	–	4	–	–	4	1	3	2	1	1
Cec 8501-55	51	1	50	–	–	50	–	–	50	–	–	50	–	–	50	13	37	24	11	15
Ce^{8}c 8581-93	6	–	6	–	–	6	–	–	6	–	–	6	–	–	6	1	5	3	1	2
ABec 8501-27	–	–	–	2	–	2	12	–	14	9	–	23	2	–	25	8	17	10	13	3
ABec 8531-50	–	–	–	3	–	3	9	–	12	6	–	18	2	–	20	1	19	3	5	12
ABe^{4}cm 8551-59	9	–	9	–	–	9	–	–	9	–	–	9	–	–	9	2	7	3	2	4
ABecm 8560-61	2	–	2	–	–	2	–	–	2	–	–	2	–	–	2	–	2	1	1	–
ABec 8521-24^{I}	4	–	4	–	1	3	–	3	–	–	–	–	–	–	–	–	–	–	–	–

i.d. = in dienst def. = defect

Verbouwd:

1941 BD 9113→CD, A 8522→AB 8522^{II}, AB 8522^{I}→AB 8502, B 8514-16→AB 8531-8533
1942 BD 9120→CD, A 8505/8/11/13/15/16/19/25/27→AB, AB 8521/23/24^{I}→AB 8501/3/4, B 8517-25→AB 8534-8542
1943 BD 9108→CD, A 8507/14/17/18/20/21/23/24/26→AB, B 8526-31→AB 8543-8548
1944 A 8510/12→AB, B 8532/33→AB 8549-8550
1945 BD 9102/6/14/16→CD, A 8506→AB
1946 BD 9101/4/11/15/27/51/52/56/57/58→CD, B 8501/13→C 8581/87
1947 BD 9107/21/22/61→CD
1948 BD 9110/53/60→CD
1949 BD 9119/25/55→CD, B 8506→C 8586

De verbouwing tot mC, ABec en Cec rijtuigen werd in de jaren 1941-1949 als volgt in de onderstaande werkplaatsen en fabrieken uitgevoerd:

Werkplaats Haarlem: CD 9101/4/7/8/10/13-15/19-22/27/51-53/56-58/60/61, AB 8501-8/10-27/38, C 8581/86
Werkplaats Utrecht: AB 8531-37/39-50
Werkspoor: CD 9102/6/16/25/55
Beijnes: CD 9111, C 8587

31.12.46				31.12.47				31.12.48				31.12.49				
NS i.d.	NS def.	ver-mist	afge-voerd	NS i.d.	NS def.	ver-mist	afge-voerd	NS i.d.	NS def.	ver-mist	afge-voerd	NS i.d.	NS def.	ver-mist	afge-voerd	31.12.1950
2	2	—	—	4	—	—	—	4	—	—	—	4	—	—	—	BD 9001-9004
6	5	5	1	5	3	4	1	4	4	2	1	3	3	—	2	CD 9105/12/17; BD 9171-73
1	—	5	—	1	—	4	—	—	2	1	—	—	1	—	1	CD 9154
25	5	8	—	29	1	8	—	30	2	5	1	31	1	—	5	C 9451-9482
33	3	10	—	34	1	10	1	34	6	4	1	37	3	—	4	C 9401-9440
10	1	1	—	14	—	1	—	16	—	—	—	18	—	—	—	CD 9101-4, 6-11, 13-16, 18-21
5	—	—	—	6	—	—	—	8	—	—	—	9	—	—	—	CD 9151-53, 55-60
—	—	—	—	—	—	—	—	—	—	—	—	—	—	—	—	
1	2	1	—	1	1	1	1	1	1	—	1	—	1	—	—	C 8185
—	3	—	—	2	1	—	—	2	—	—	1	2	—	—	—	C 8101-8102
4	—	—	—	4	—	—	—	4	—	—	—	4	—	—	—	C 8107-8110
37	3	10	—	39	1	10	—	41	—	8	1	41	—	—	8	C 8121-8161
8	—	—	—	8	—	—	—	8	—	—	—	9	—	—	—	C 8181-8184, 8186-8190
16	8	2	—	21	1	2	2	22	—	2	—	22	—	—	2	B 8501-8522
5	13	2	—	10	8	2	—	10	8	2	—	13	5	—	2	B 8531-8548
4	4	1	—	7	1	1	—	7	1	1	—	7	1	—	1	B 8551-8558
2	—	—	—	2	—	—	—	2	—	—	—	2	—	—	—	B 8559-8560
—	—	—	—	—	—	—	—	—	—	—	—	—	—	—	—	

† 14.5.40	† 1946	† 1947	† 1948	† 1949				
BD 9112	BD 9103	BD 9109	BD 9129	BD 9118	C 9009	C 9413	AB 8515	C 8513
B 8504		C 9439	C 9006	9123	9017	9426	8516	8516
A 8509		AB 8502	C 9424	9159	9019	9435	8531	8523
C 8534		AB 8518	B 8503		9024	9447	8534	8530
C 9408		B 8502	C 8102		9025		8556	8538
			C 8539					8540
								8544
								8550

C 9430 – BD 9117 – BD 9154 – BD 9105 – C 9011 – C 9445 – C 9420 – BD 9124.
(foto NJvWJ, 10.9.49 Budel)

Vernummeringsplan 1950

De meer dan een eeuw oude spoor- en tramweghistorie leert ons, dat alle min of meer systematische nummeringen die deze bedrijven hebben bedacht, na verloop van een aantal jaren altijd verwaterden, omdat men niet consequent de richtlijnen van het nummerplan bleef volgen.
Na de oorlog kregen de nog aanwezige mBD, mCD, mC met of zonder v van vouwbalg, AB en C electrische rijtuigen van 1924 ieder een eigen honderdtal aangewezen.
Na 1945 werd er in de dienstuitvoering geen verschil meer gemaakt tussen rijtuigen van ongeveer gelijke bouw en klasse-indeling zoals mABD 9801-9804 en mBD 9171-9173, mC 9001-9038 en mCv 9401-9447, mCD 9101-9127 en 9151-9161, de 3 series AB 8500en en de C's van de series 8100 en 8500. Bij hun indienststelling werd tussen al deze series in de materieelomloop een scherp onderscheid gemaakt; met het klimmen van de jaren van deze rijtuigen vervaagt dit onderscheid, hoewel in het algemeen de constructieve verschillen dikwijls nog toenemen. Ook dit is een verschijnsel, dat men in de loop van de jaren bij alle spoor- en tramwegmaatschappijen aantreft. Wie bekommert zich er in de vijftiger jaren nog over of er een mC 9000 dan wel een mCv 9400 aan de kop van een blokkendozentrein reed? En of aan de andere kop een mCD met 4 of 5 compartimenten liep? Zo is het ook met de 3 series AB-rijtuigen, 7 of 8 compartimenten, midden- of grote eindbalkons maakten geen verschil. De stuurstand van de C's 8100 was al jarenlang in onbruik geraakt; een C 8100 stond gelijk aan een C 8500.
Codering. In het najaar van 1950 werd met de invoering van de codenummering tevens de aanduiding AB van alle electrische rijtuigen gewijzigd in B. Daarnaast werden de door de oorlog ontstane openingen in de nummerseries opgevuld met de hoogste nummers van de betreffende series.
Het electrische buffermaterieel werd geacht tot 5 series te behoren: 3 series motorrijtuigen, mBD, mCD en mC en 2 series tussenrijtuigen, AB en C welke resp. werden genummerd 9000, 9100, 9400, 8500 en 8100. Er werd rekening mee gehouden, dat zowel de rijtuigen met M en W als die met L en V draaistellen in aaneengesloten nummerseries terechtkwamen. Hetzelfde gold voor de niet verbouwde maar nog wel met stoomverwarming uitgeruste oude AB 8560 en 8561 ten opzichte van AB 8551-8559.
Deze codenummers werden gegeven in die volgorde alsof alle 259 blokkendozen nog aanwezig waren. Het opvullen van de ontbrekende nummers in een bepaalde rijtuigserie met de aanwezige hoogste nummers uit die serie, heeft toch ook wel bezwaren. In de eerste plaats komt een rijtuig uit latere jaren, dikwijls met een aantal constructieve wijzigingen en soms ook nog van een andere fabriek, terecht tussen oudere rijtuigen. Een dergelijk „opvul"-rijtuig dient dan toch weer afzonderlijk te worden genoemd. Verder leert de praktijk, dat na kortere of langere tijd

C 9030 wordt C 9480. (foto NJvWJ, 5.10.50 Hoek van Holland)

er door buiten dienststelling of anderszins weer gaten in de serie komen. En men kan niet aan het vernummeren blijven! Dat geeft steeds meer verwarring.
De motorblokkendozen kregen de baktypenummers 01-06, voor de tussenblokkendozen werden de nummers 51-58 gereserveerd. Als voorbeeld van een serie vernummerde vierkante rijtuigen noem ik de C 8581-8593. Deze behoren tot groep 5 met als baktypenummer 58. De codenummers voor deze rijtuigen worden nu 558.001-558.013. Tot 1950 verliep de nummerhistorie hiervan als volgt:

In dienst:		Diverse nummers:				Codenummers:
1924		B 8501		C 8581	C 8181	558.011
1924		B 8502	terzijde			558.012
1923	B 7501	B 8503	terzijde			558.001
1923	B 7502	B 8504	terzijde			558.002
1924	B 7503	B 8505			C 8185	558.009
1924	B 7504	B 8506		C 8586	C 8186	558.010
1923	B 7505	B 8507	C 8595	C 8588	C 8188	558.003
1923	B 7506	B 8508	C 8596	C 8589	C 8189	558.004
1923	B 7507	B 8509	C 8597	C 8590	C 8190	558.005
1923	B 7508	B 8510	C 8598	C 8591	C 8184	558.006
1923	B 7509	B 8511	C 8599	C 8592	C 8183	558.007
1923	B 7510	B 8512	C 8600	C 8593	C 8182	558.008
1926		B 8513		C 8587	C 8187	558.013

Hieruit blijkt, dat de nummers 001-013 niet parallel lopen met die van B 8501-8513. De codenummers werden gegeven in volgorde van indienststelling. Deze 13 B's werden niet in volgorde van hun 8500-nummers in dienst gesteld.

De verdere vernummering verliep als volgt:

Aantal:	Oud:	Nieuw:	Codenummer:
4	ABD 9801-4	BD 9001-4	501.001-4
3	BD 9171-73	BD 9012/11/13	502.002/1/3
26	C 9001-5/7/8/10-16/ 18/20-23/26-32	C 9451-55/57/58/60-66/ 68/70-73/76-82	503.001-32
6	C 9033-38	C 9475/74/69/67/59/56	503.033-38
17	CD 9101-21	CD 9101/2/4-8/10/11/13- 17/19-21	505.001-21
4	CD 9122/24/25/27	CD 9118/12/9/3	505.022/24/25/27
10	CD 9151-58/60/61	CD 9151-58/60/59	506.001-11
19	C 9401-21	C 9401-7/9-12/14-21	504.001-21
2	C 9422^{I}/9423^{I}	C 9413/8	504.022-23
13	C 9425-40	C 9425/27-34/36/37/38/40	504.025-40
6	C 9441-46	C 9439/35/26/24/23^{II}/ 9422^{II}	504.041-46
17	AB 8501-22	B 8501/3-8/10-14/17/ 19-22	551.001-22
5	AB 8523-27	B 8518/16/15/9/2	551.023-27
14	AB 8531-46	B 8532/33/35-46	552.001-16
2	AB 8547^{I}/48^{I}	B 8534/31	552.017-18
2	AB 8549-50	B 8548^{II}/47^{II}	552.019-20
7	AB 8551-58	B 8551-55/57/58	553.001-8
1	AB 8559^{I}	B 8556	553.009
2	AB 8560-61	B 8560/59^{II}	554.001-2
2	C 8101/3	C 8101-2	555.001-3
4	C 8107-10	C 8107-10	556.001-4
27	C 8503-5/8-12/14/15/ 17-22/24-29/31-33/ 35/36	C 8121-47	557.003-5, 8-36
14	C 8537/41-43/45-49/ 51-55	C 8148-61	557.037-55

Dienstuitvoering blokkendozen 1926-1959

Depôts

Tot de zomerdienst 1931 waren alle electrische rijtuigen, behalve die voor de dienst Haarlem - IJmuiden, te Leidschendam/Voorburg in depôt. De paar IJmuidense treinstellen ondergingen hun onderhoud in de locloods te Haarlem; één spoor was daar van bovenleiding voorzien. De verdere electrificatie maakte het echter noodzakelijk een tweede depôt bij te bouwen waarin tevens de electrische installatie van de rijtuigen kon worden gereviseerd. Zo ontstond in 1931 het tweede electrische depôt: Revisieloods Amsterdam Oostzaanstraat. Sinds 1932 werd het blokkendozenpark over beide depôts verdeeld. Als algemene regel gold bij deze verdeling dat depôt Amsterdam de gehele series ABD 9801, AB 8501, BD 9151 en C 8101 kreeg, benevens de hoge nummers van de overige series. De lage nummers van de series A 8501, B 8501, BD 9101, C 8501, C 9001 en C 9401 bleven te Leidschendam/Voorburg. Dit betrof A 8501-12, B 8501-15, BD 9101-13, C 8501-22, C 9001-20 en de C 9401-11. De algehele verdeling van de blokkendozen over de depôts Leidschendam/Voorburg, Haarlem locloods en Amsterdam Revisieloods Oostzaanstraat laat zich als volgt samenvatten:

	Leidschendam/ Voorburg	locloods Haarlem	Revisieloods Amsterdam
sneltreinen Asd-Rtp-Ddr	1. 7.27- 4.10.36		22. 5.32
versterking Asd-Rtp-Ddr	2.10.27- 6.10.35		6.10.35
locaaltreinen Hlm-Rtp	4. 4.27-22. 5.32		22. 5.32
treinen Hlm-IJm		15.5.27-15.5.31	15. 5.31
treinen N.H.			15. 5.31
versterking N.H.			15. 5.31
boottrein Hld-Sdm-Asd			15. 5.35

Hoewel de Revisieloods te Amsterdam in mei 1931 nog niet geheel gereed was, werd deze toch, voor zover klaar, in gebruik genomen in verband met de electrificatie van de Noordhollandse lijnen. Wel kon toen het provisorische electrische depôt Haarlem worden opgeheven, maar de Leidschendamse blokkendozen konden nog niet worden ontvangen.

Gegeven deze 2 depôts bestond in de eerste helft van de dertiger jaren een zesrijtuigtreinstel Amsterdam - Rotterdam òf uit lage nummers òf uit hoge nummers. Een combinatie van hoog en laag kwam in deze stamtreinen niet voor. Reeds bij de electrificatie van de lijn Amsterdam - Rotterdam stapte men af van het oude systeem zoals dat bij de ZHESM bestond, om alle treinstellen 's nachts in een loods onder te brengen. Gezien het toen reeds grote aantal rijtuigen, was dat ook niet uitvoerbaar. De nieuwe treinstellen overnachtten nu op die stations waar ze 's avonds eindigden en 's morgens weer begonnen. Voor het geregelde

onderhoud kwamen zij eens in de ongeveer acht dagen in de revisieloods. De treinstellen hebben dan gemiddeld ca. 3.000 km afgelegd. Per dag kon echter zonder bezwaar duizend km worden gereden. Na ongeveer 75.000 km te hebben gelopen, gingen de motorrijtuigen te Haarlem in grote revisie, althans voorzover het het mechanisch gedeelte betrof. De tractiemotoren kwamen pas na 2 perioden (ca. 150.000 km) voor grote revisie in aanmerking. Deze motorrevisie geschiedde te Leidschendam/Voorburg waar eveneens na ca. 400.000 km de revisie van de electrische installatie van de rijtuigen plaatsvond.
In de jaren 1930-1940 werden al deze getallen opgevoerd. Ook de tijdsruimte voor onderhoud in de revisieloods, waarvoor aanvankelijk minimaal 24 uur was uitgetrokken, werd in vele gevallen beperkt tot ca. 8 uur. Dit betekent, dat een treinstel dat 's morgens gedurende de spitsuren dienst doet, van 9-17 uur in onderhoud kan gaan en daarna, bij de avonddrukte in het verkeer, wederom dienst kan doen. Dergelijke treinstellen brachten in de eerste jaren van de electrische exploitatie, deze daguren op het eindstation in lediggang door. Bij een onderhoud van 24 uur kwam het treinstel de ene dag na afloop van de dienst in de revisieloods. De volgende dag was dan voor onderhoud en de dag daarna kwam het treinstel weer in dienst. Door de tijdsruimte tussen de spitsuren voor onderhoud te gebruiken, kwam het betreffende materieel een dag meer ter beschikking van de exploitatie.
Eind 1936 werd Leidschendam/Voorburg alleen voor het periodiek onderhoud van de treinstellen aangewezen. Haarlem was toen als locomotiefwerkplaats opgeheven. Hierdoor werd het mogelijk nu ook de revisie van de volledige electrische uitrusting aldaar te doen plaatsvinden. De algehele revisie van het mechanisch en electrisch gedeelte van de rijtuigen was hiermee in één werkplaats ondergebracht.
Sinds oktober 1936 heeft het hoofdlijnmaterieel Leidschendam/Voorburg voor vele jaren verlaten. Alle rijtuigen van deze soort kwamen nu aan de Oostzaan--straat.

Dienstregeling, treinsamenstelling en omloop

De diverse en verschillende samenstellingen van de treinen vormden met de dienstregeling en omloop één samenhang zodat deze drie onderwerpen tezamen zullen worden behandeld in dit hoofdstuk.
De tot en met 1926 gebouwde blokkendozen hebben na hun indienststelling ruim een jaar dienst gedaan op de ZHESM-lijnen. Met ingang van 1 april 1926 werd de één-fase wisselstroomvoorziening verlaten. Op de Hofpleinlijn werd de 1500 volt gelijkstroom ingevoerd waardoor het oude ZHESM-materieel geen dienst meer kon doen.
De nieuwe treinen reden in velerlei samenstellingen. Versterkingen zoals later de hoofdlijn die zou kennen, kwamen bij de ZHE niet voor. Het waren steeds gesloten treinstellen van verschillende lengte en combinatie waaraan tijdens hun dagdienst niets werd veranderd. De onderstaande samenstellingen kwamen voor:
3-rijtuigtreinen mBD-Cec-mC, mC-Bec-mC
4-rijtuigtreinen mBD-Bec-Cec-mC, mBD-Cec-Cec-mBD, mC-Bec-Bec-mC
5-rijtuigtreinen mBD-Bec-Cec-Cec-mC, mC-Bec-Bec-Cec-mC
Normaal stond de mBD naar Den Haag HSM, de mC naar Rotterdam Hofplein gekeerd. Zij waren reeds, conform hun latere plaatsing op de oude lijn, in de juiste richting gesteld. Aan het Hofplein bestond geen aansluiting met het DP-station

4-rijtuigentrein + P II locaaldienst Haarlem-Rotterdam 1927. (foto Heemaf)

zodat zij via het station Den Haag HSM hun stand bepaalden. Het blijkt echter, dat bij de treinstellen waarin 2 mBD's of 2 mC's waren gesteld, er één in omgekeerde richting was geplaatst. Het beschikbare aantal blokkendozen maakte het mogelijk de rechtstreekse zomerse halfuursdienst Hofplein - Scheveningen sinds 1926 geheel electrisch te rijden. Tot dien hadden steeds stoomtreinen deze relatie verzorgd.
Eind april 1927 kwam het eerste verbouwde ZHE-treinstel terug in Leidschendam waarna in september 1927 de blokkendozen weer geheel van de ZHE-lijnen waren verdwenen.
Nog voor invoering van de zomerdienst 1927 werd met ingang van 1 mei 1927 de 24-uurstijd ingevoerd voor het gehele Europese spoorwegverkeer. Alleen Engeland deed hieraan niet mee.

Locaaltreinen Haarlem - Rotterdam Sinds 4 april 1927 werden de locaaltreinen Haarlem - Rotterdam met electrische tractie bediend. In verband met de dienstregeling van de overige treinen op dit baanvak werd echter nog volgens de tijden van de stoomtreinen gereden. Eerst met ingang van 15 mei 1927 werden deze locaaltreinen met de voor electrische tractie vastgestelde rijtijden ingelegd. De samenstelling van deze treinen was: mBD-Bec-Cec-mC. Tegen het eind van 1927 verviel de Bec en met ingang van de zomerdienst 1932 werd de mC vervangen door een mCd. Reeds hadden gedurende enkele weken met Pasen en de bloembollentijd van 1928 de eerste in dienst gestelde C 9400en in de locaaltreinen gelopen.
De locaaltreinen Haarlem - Rotterdam reden (niet star) tussen de sneltreinen door, zonodig met voorbij laten rijden te Leiden en Den Haag. Zelfs te Noordwijkerhout, het vroegere Piet Gijzenbrug, kon worden ingehaald en gekeerd.
Met ingang van de winterdienst 1935 werden de 3 stuks locaaltreinstellen Amsterdam - Rotterdam tweerijtuigtreinen van de samenstelling mBD-Cesc. Op de drukke morgen- en avonduren werden deze treinstellen nog versterkt met een mC 9000, eventueel een mCd 9400.

2-rijtuigtrein Rotterdam - Haarlem Cesc-mBD. (verz. NJvWJ)

Haarlem - IJmuiden. De treinsamenstelling op dit baanvak was mABD-Ces. Sinds de electrificatie van mei 1927 bleek al spoedig het vervoer tussen Haarlem en IJmuiden dermate te zijn toegenomen, dat gedurende een groot gedeelte van de dag bijplaatsing van een tweede C-rijtuig noodzakelijk was. De eerste jaren werd hiervoor een mC 9001-9038 gebruikt, in latere jaren echter deed steeds een mCd van de serie C 9401-9447 deze dienst.
Sinds 1931 deed een derde tweerijtuigtreinstel nog dienst tussen Velsen/IJmuiden Oost en Uitgeest waardoor van de series mABD 9801-9804 en C 8101-8103 slechts één ABD reserve was. Bij werkplaatsbezoek en bij de wekelijkse revisie van de rijtuigen C 8101-8103 werd het reserve treinstel gebruikt. Hierin liep een Cec van de serie C 8501-8555 in plaats van een Ces. Dit reserve stel reed dan tussen Haarlem en IJmuiden. De versterkings mCd van dit treinstel diende dan te blijven lopen teneinde gelegenheid te geven tot besturing. In het uiterste geval werd de mABD van een Haarlem - IJmuiden treinstel vervangen door een mBD plus Aec. Met ingang van de winterdienst 1934 werd de mABD van het tweerijtuigtreinstel Velsen/IJmuiden Oost - Uitgeest vervangen door een mBD van de serie BD 9101-9130.
Tussen Haarlem en IJmuiden via Velsen/IJmuiden Oost werd een halfuursdienst gereden met 2 tweerijtuigtreinen (mABD-Ces, spoedig versterkt met een mC) en overgangen aan beide eindstations van resp. 10 en 6 minuten. In de ochtend- en middaguren liepen enkele treinen door van IJmuiden naar Amsterdam.

Sneltreinen Amsterdam - Rotterdam. De aanvankelijke samenstelling van de electrische treinen op het baanvak Amsterdam - Rotterdam was mBD-Bec-Aec-Cec-mC. Nadat in september 1922 de bestelling voor de bovenleiding van het proefbaanvak Den Haag HSM - Leiden en het rollend materieel

5-rijtuigtrein Haarlem-Amsterdam. (verz. NJvWJ, Halfweg)

voor 2 vijfrijtuigtreinen was gegeven, begonnen de proefritten met de nieuwe electrische tractie in april 1924. De toen aanwezige twee 5-rijtuigtreinen hebben op 3 oktober van dat jaar voor het eerst in actieve dienst gereden tussen Den Haag en Leiden bij gelegenheid van de viering van Leiden's ontzet.
Bij wijze van overgang van stoom naar electrische tractie werden met ingang van 1 juli 1927 twee dubbele van dergelijke 5-rijtuigtreinen tussen Amsterdam en Rotterdam in dienst gesteld. Ieder dubbel stel maakte 3 slagen per dag. Deze beide 10-rijtuigtreinstellen hadden echter een voor electrische treinen zeer ruime rijtijd daar ook hun dienstregeling nog was gebaseerd op stoomtractie. De volledige electrische tractie van Amsterdam naar Rotterdam zou reeds met de zomerdienst van 1927 zijn ingevoerd, doch de kortere rijtijden van de electrische treinen maakten een geheel gewijzigde dienstregeling noodzakelijk. De invoering van deze nieuwe regeling van de ene dag op de andere, leverde verschillende moeilijkheden op en deden in het voorjaar van 1927 de verdere electrische tractie voorzichtig en trapsgewijze ingang vinden.
De volledige electrische dienst Amsterdam - Rotterdam begon op 2 oktober 1927, iets minder scherp dan was opgezet. De theoretische rijtijd van 72 minuten was verlengd tot 76 minuten. Dit waren 2 minuten voor langer rijden; de 2 andere minuten werden gebruikt om het stationnement te Haarlem en Leiden te vergroten van 1 op 2 minuten. Er werd een starre halfuursdienst gereden, in ons land na Haarlem - IJmuiden nu de eerste starre dienst op de grote lijn. Op de drukke ochtend- en namiddaguren liepen er nog een aantal snellere treinen tussendoor. Hierbij was voorgeschreven, dat de vijfrijtuigtreinen van de halfuursdienst geen post-, bagage- of bestelgoederenwagens mochten meenemen. Om echter de electrische treinen vrij te maken van het postvervoer werden er van Amsterdam naar Rotterdam postgoederentreinen ingelegd. De postrijtuigen werden vervoerd in 4 stel afzonderlijke korte posttreinen (de treinen 3151-3158) gereden door stoom-

C 9005 – C 9027 botsing trein 1145-1144. (foto NJvWJ, 15.10.27 Rijswijk)

locomotieven. Reeds in 1929 waren deze posttreinen weer verdwenen. De postrijtuigen werden waar nodig nu met de versterkte electrische treinstellen meegegeven. Het vervoer van bestelgoederenwagons met de stoomtreinen bleef voorlopig nog bestaan.
Liep er een versterkings**motor**rijtuig in de electrische treinstellen, dan mochten hoogstens 3 voertuigen met een totaal gewicht van 60 ton worden meegenomen. Dit betekende in de praktijk dat de versterkte treinstellen een P IV mochten meenemen. Met de 4-rijtuigstoptreinen tussen Amsterdam en Rotterdam mochten hoogstens 2 voertuigen worden vervoerd.
Ook omtrent het rangeren en het in voor- of tussenspan rijden met stoomlocomotieven werden voorschriften gegeven. Rangeren van losse blokkendozen of treinstellen met getrokken rijtuigen of wagens is in het algemeen verboden. Daar dit rangeren gewoonlijk met geringe snelheid geschiedt, zullen de weerstanden in zo'n geval te lang onder spanning blijven staan en te warm worden. Het samengaan van stoomlocomotieven met blokkendoostreinstellen waarin motorrijtuigen, is in het algemeen niet toegestaan. Dit mag alleen voorkomen bij ernstige onregelmatigheden en dan nog onder een aantal beperkte voorwaarden. De stoomloc dient, eventueel met trein, voorop te lopen; de luchtleiding tussen stoomtrein en electrisch treinstel moet aangesloten zijn. Teneinde de compressoren draaiende te houden, zet het treinstel zijn stroomafnemers tegen de draad. De tractiemotoren blijven echter uitgeschakeld. Is de bovenleiding spanningloos, dan zijn de stroomafnemers gestreken. Alleen in geval van nood, indien de stoomlocomotief van een trein defect zou zijn, mag de stoomtrein door een blokkendoos worden opgedrukt teneinde het spoor vrij te maken.
Verschillende halfuurstreinen waren samengesteld uit 2 vijfrijtuigtreinstellen.

2 rijtuigen versterking + 6 rijtuigtrein. (verz. NJvWJ, ca. 1929 Rotterdam DP)

Op zaterdag maakte rond het middaguur een stoomtrein nog 2 slagen van Leiden naar Den Haag. Het materieel was afkomstig van de dienst Utrecht - Leiden. Vijftig jaar geleden was de omloop te Amsterdam en Rotterdam zeer ruim, ca. een half uur.
Een paar weken na de invoering van de electrische tractie, kwamen in de nacht van 15 op 16 oktober 1927 de treinen 1144 en 1145 nabij Rijswijk met elkaar in botsing, omdat de Amsterdamse trein 1145 vanaf Den Haag abusievelijk op verkeerd spoor liep. Beide treinen hadden, toen zij elkaar op ongeveer 1 km afstand waren genaderd, nog een snelheid van ca. 90 km/h. Op het moment van de botsing stond trein 1145 bijna stil, de andere trein had nog een snelheid van ca. 25 km/h. Hierbij werd het rijdende rijtuig van zijn draaistel gelicht. De beide treinen schoven enige meters in elkaar waarbij de voorop lopende draaistellen van de twee botsende rijtuigen juist tegen elkaar kwamen te staan. Bijna 52 jaar later zou zich bij Nijmegen helaas een soortgelijk ongeval voordoen.
In afwijking van de normale samenstelling, reed in trein 1145 naar Rotterdam, vóór de mBD, nog mC 9027 die hierbij achteruit liep en vanaf zijn hulpstuurstand werd bediend. In de andere trein liep C 9005 vooraan. Dit rijtuig werd bij het ongeval het ernstigst beschadigd. Hoewel beide treinen zeer vol waren, kwamen er geen ernstige persoonlijke ongevallen voor. De stalen rijtuigen hadden zich zeer goed gehouden.
Teneinde het herstel zoveel mogelijk te bespoedigen, werd een overeenkomstig rijtuiggedeelte bij Werkspoor besteld en na gereedkomen naar Haarlem gezonden, om daarmee de C 9005 weer te herstellen.
Met ingang van de zomerdienst 1928 werden de C 9401-9423 in dienst gesteld. Zij kregen hun plaats in de vaste combinatie tussen de Aec en de Cec. Door toevoeging van een derde motorrijtuig had men tevens de mogelijkheid geschapen om de vaste treinstellen nog met één of twee tussenrijtuigen te versterken zonder de totale trekkracht van de motorrijtuigen te overschrijden. Zo werd met ingang van de zomerdienst 1928 aan een zestal zesrijtuigtreinen een tweede Bec toegevoegd, dit werden dus zevenrijtuigtreinen. Eén zes- en één zevenrijtuigtreinstel maakten ieder 2 slagen met een restauratierijtuig van de Wagons-Lits. Dit rijtuig was

7-rijtuigtrein waarin 2 B's + R 2767 WL; trein 1073. (foto Quanjer, 1.6.28 Amsterdam CS)

geplaatst tussen de Bec en de Aec. Deze restauratierijtuigen (WL 2765 - 2768) zijn voorzien van stuurstroomkabels met NS-koppeldozen als aangebracht bij materieel 24.
In 1932 is de tweede Bec als vaste treinformatie weer vervallen; de restauratierijtuigen van de electrische treinen werden met ingang van 1 december 1934 opgeheven.
De mC 9000en deden, behalve in de vaste 6- en 7-rijtuigtreinen op de hoofdlijn Amsterdam - Rotterdam DP, later Dordrecht, ook dienst als versterkingsrijtuigen op dit baanvak indien op de drukke uren meer plaatsruimte was gewenst. Eveneens reden de mC's aanvankelijk in de locaaltreinen op de hoofdlijn.
Wanneer in de jaren voor de oorlog een enkel derde klasse rijtuig (mC) onvoldoende zitplaatsversterking gaf, bestond de versterking uit een mC + Cec. In die tijd was de dienst ruim opgezet. Er stonden voor het baanvak Amsterdam - Rotterdam, inclusief de reservediensten en een enkele forensentrein Amsterdam – IJmuiden, 7 zeven- en 14 zesrijtuigtreinen ter beschikking.
Toen het voorop lopen van de mCd rijtuigen van de serie 9401-9447 generlei bezwaren meer bood, kon in het begin van 1933 de normale treinsamenstelling worden gewijzigd in mBD-Bec-Aec-Cec-mCd-mC. Deze combinatie had het voordeel boven de oude, dat voor de minder drukke treinen de mC kon vervallen zonder verdere rangeermanipulaties. Dit was aanvankelijk niet mogelijk daar toen in een dergelijk geval de Cec er tussenuit gerangeerd diende te worden. Thans kon de trein vanaf de mCd worden bediend.

Rotterdam - Dordrecht. Bij de opening van het geëlectrificeerde baanvak Rotterdam DP - Dordrecht op 15 mei 1934, werd geen nieuw materieel in dienst gesteld. De meerdere treinstellen en rijtuigen die voor deze uitbreiding nodig waren, werden gevonden door een intensievere omloop van het aanwezige materieel.

6-rijtuigtrein. (verz. NJvWJ, Amsterdam)

De opzet van de dienstregeling was gelijk gebleven aan die van 1927: een halfuursdienst Amsterdam - Dordrecht met daartussen de zaken-, forensen- en locaaltreinen. De rijtijden en stationnementen Amsterdam - Rotterdam zijn practisch gelijk gebleven.
Met de zomerdienst 1938 werden de mC rijtuigen van de normale treinsamenstelling omgewisseld met de mCd's van de versterkingsrijtuigen. Hierdoor werd de binnendoorloop van stamtrein en versterking niet meer verbroken.

Noordhollandse lijnen. Met de electrificatie van Noord-Holland op 15 mei 1931 kwam er een uurdienst met de doorgaande treinen Amsterdam - Uitgeest - Alkmaar, Amsterdam - Uitgeest - Haarlem en Uitgeest - Velsen/IJmuiden Oost. Deze laatste relatie heeft te Velsen/IJmuiden Oost aansluiting op één van de beide IJmuidense diensten. Een en ander betekende per uur: 1 trein Uitgeest - Alkmaar, 2 treinen Amsterdam - Uitgeest - Velsen/IJmuiden Oost en IJmuiden - Velsen/IJmuiden Oost en 3 treinen Velsen/IJmuiden Oost - Haarlem. Ook hier op de drukke uren diverse tussentreinen waaronder enkele doorgaande verbindingen Haarlem - Uitgeest - Alkmaar. De stamtrein was nu de 4-rijtuigtrein van de samenstelling mB4D-ABec-Cec-mCd. Alleen de korte verbinding Uitgeest - Velsen/IJmuiden Oost werd door een tweetje gereden van de samenstelling mABD-Ces. In tegenstelling tot de IJmuidense mABD's stond deze mABD met zijn stuurstand in de richting Haarlem. Ook hier waren de overgangen te Amsterdam en Haarlem een halfuur, te Alkmaar 7 minuten.
Een tweede ernstig blokkendozenongeval deed zich voor op 30 mei 1933. Trein

4-rijtuigtrein 2456 ontsporing. (verz. NJvWJ, 30.5.33 Krommenie/Assendelft)

2253/2456 van Haarlem via Uitgeest naar Amsterdam ontspoorde bij Krommenie/Assendelft op het ten onrechte naar afwijkend spoor liggende inrijwissel. De vooroplopende mCd 9446 en Cec 8542 kwamen dwars op het spoor te staan, de daarop volgende AB 8503 ontspoorde en de mB4D 9152 bleef in het spoor staan. Ook de NH-dienst gaf tijdens de vooroorlogse jaren in de dienstregeling principieel geen wijziging te zien.

Rotterdam - Hoek van Holland. Met de invoering van de electrische tractie met ingang van de zomerdienst 1935 stond het nieuwe stroomlijnmaterieel voor deze lijn nog niet ter beschikking. Het reserve blokkendozenmaterieel diende tijdelijk de nieuw bestelde stroomlijners te vervangen. Hiertoe waren 3 drierijtuigtreinen nodig van de samenstelling mBD-Cec-mCd. Deze 3 stellen werden opgenomen bij de locaaltreinserie Haarlem - Rotterdam die ook uit 3 van dergelijke combinaties bestond. Dit werd nu een serie van 6 drietjes. Aanvankelijk werd voor de Cec de serie 8501 gebruikt. Eind juli 1935 werd begonnen deze C's te vervangen door de zojuist verbouwde C 8595-8600. Deze verbouwde rijtuigen hebben maar een korte periode naar Hoek van Holland gereden want in dezelfde tijd kwam het nieuwe stroomlijnmaterieel in dienst. Eind september 1935 hadden deze stroomlijners de blokkendozen weer geheel vervangen.
Tijdens de zomer van 1935 kwamen als versterking een aantal combinaties voor:
Bec-Aec-mC
Cec-Bec-mC, Cec-mC-mCd, Cec-Cec-mC
mBD-Cec

Boottrein Amsterdam-Hoek van Holland. (verz. NJvWJ, Amsterdam)

Deze versterkingen liepen niet allcen in de spitsuren maar kwamen op zonnige zondagen ook voor het Rotterdamse strandvervoer goed van pas.
Het werd nu ook mogelijk de boottrein van Hoek van Holland-Amsterdam CS v.v. (tr. 401-400), in aansluiting op de LNER nachtboot van Harwich, electrisch te rijden. Op 15 mei 1935 liep deze trein dan ook voor het eerst. Bij vertrek van Schiedam was de samenstelling: BD 9113 – A 8512 – R 2765 – B 8515 – BD 9112. Deze 4 blokkendozen verhuisden van Leidschendam naar Amsterdam.
In deze trein stond de BD 9113 gedraaid met de stuurstand naar Amsterdam in verband met het kopmaken te Schiedam en het niet plaatsen van derde klasse rijtuigen. Normaal stonden alle mBD's in de richting Rotterdam en de mC's in de richting Amsterdam gekeerd. De R was een restauratierijtuig van de serie WL 2765-2768 die tot eind 1934 in de electrische treinen Amsterdam – Rotterdam had gereden.

Haarlem - Zandvoort. Met ingang van 6 oktober 1935 werd het baanvak Haarlem - Zandvoort met electrische treinen bereden. Hiervoor werd geen nieuw materieel in dienst gesteld. De serie van 9 Noordhollandse treinstellen werd uitgebreid tot een serie van 11 stuks waarmee deze serie nu ook naar Zandvoort kon rijden. De voor deze uitbreiding benodigde 2 mCd's kwamen van de locaaltreinen Amsterdam - Rotterdam, de 2 Cec's konden van de reserve voorraad worden afgenomen, voor de 2 ABecm's werden AB 8521 en 8522 gebruikt terwijl voor de 2 mB4D's (serie BD 9151-9161) 2 mBD's van de serie 9101-9130 werden aangewezen.
Sinds eind 1940 was het oude hoofdlijnmaterieel vrijwel van de Zandvoortse lijn verdwenen. Stroomlijntreinstellen gingen daar toen lopen.

Bijzondere dienstregeling. Een heel speciale dienst werd gereden op donderdag 7 januari 1937, de huwelijksdag van H.K.H. Prinses Juliana. Op de oude lijn begon 's morgens om 5 uur van Amsterdam, Rotterdam DP en Dordrecht een halfuursdienst tussen Amsterdam en Dordrecht. Bovendien ieder half uur nog 2 facultatieve treinen Amsterdam - Rotterdam v.v. Dit betekende op laatstgenoemd traject maximaal een 10-minuten dienst. Hiervoor waren beschikbaar 24 stuks achtrijtuigtreinen. Dit waren de stamtreinen van de oude lijn versterkt met een Cec + mC/mCd of wat maar beschikbaar was. Ook 2 vieren van Noord-Holland maakten een acht. Zeven van deze 24 achten waren nog versterkt tot tienrijtuigtreinen. Hiervoor werden de 4 tweerijtuigtreinen van de IJmuidense dienst c.s. gebruikt benevens de 3 tweeën van de locaaltreinen Haarlem - Rotterdam. Mede gezien de maximale frequentie op dit baanvak werd deze locaaldienst op 7 januari eenvoudig niet gereden.
Er stonden bovendien nog 11 vierrijtuigtreinen ter beschikking. Ongeveer de helft hiervan was nodig voor de dienst Haarlem - IJmuiden, Haarlem - Uitgeest en Velsen/IJmuiden Oost - Uitgeest. Tussen Amsterdam en Alkmaar reden weer stoomtreinen. Bij Castricum, achter Hollands blonde duinen, hoorden wij één dag weer de schorre slag van de 421ers van de HSM uit de depôts Alkmaar en Amsterdam als zij hijgend naar Uitgeest of Alkmaar vertrokken. Weliswaar hadden zij een kwartier toeslag gekregen om van Amsterdam in Alkmaar te komen, maar niettemin bood die dag de ware liefhebbers een nostalgisch genoegen.
Zelfs de boottrein van Hoek van Holland deed tijdens zijn lediggang te Amsterdam nog mee aan dit koninklijk huwelijksfeest. Door de R uit te rangeren en er een NH-vier bij te plaatsen kon ook deze combinatie aan de facultatieve 10-minuten dienst deelnemen.
Alles bij elkaar genomen waren er van de 259 blokkendozen 254 in dienst. Voorwaar een maximum prestatie! De resterende 5 stuks waren in de werkplaats Haarlem, eventueel defect te Amsterdam Oostzaanstraat. Wat rijden kon, deed dat.
Met de opheffing van vele tussenstations, maar niet op de geëlectrificeerde lijnen, werden met ingang van 15 mei 1938 niettemin toch ook de electrische rijtijden verkort. Op de oude lijn ca. 10 minuten, in Noord-Holland met zijn vele stopplaatsen tussen de stations Amsterdam, Uitgeest, Alkmaar, Haarlem en IJmuiden maximaal 3 minuten. Tevens werd een halfuursdienst Amsterdam - Alkmaar ingevoerd. Hiermee verviel de doorgaande treinverbinding Amsterdam - Uitgeest - Haarlem. De omloop werd nu Amsterdam - Alkmaar -Amsterdam en Haarlem - Uitgeest - Haarlem.

Periode 1939-1945

Dit tijdsbestek van neergang begon 29 augustus 1939. Op deze eerste mobilisatiedag werd weliswaar de normale dienst gereden, maar de treinen waren tot ca. 15.00 uur uitsluitend toegankelijk voor militaire verlofgangers en niet voor de burgerbevolking.
De volgende dag werd een zeer beperkte dienst gereden waarbij het electrische net spanningloos was. Het waren toen dagen van andere spanning.
Er reden slechts 7 stoomtreinen van Amsterdam naar Rotterdam (5 snel- en 2 locaaltreinen). Hiervan gingen er maar 2 door naar Dordrecht. Amsterdam — Alkmaar diende zich tevreden te stellen met 2 snel- en 2 stoptreinen.
Op deze baanvakken kon men de volgende wel zeer bijzondere samenstellingen zien rijden:
tr. 407 Asd-Rtp loc 3815 — D 6036 — 12 tussenblokkendozen (5 Bec + 7 Cec).
tr. 2470 Amr-Asd loc 6024 — 15 houten 3- en 4-assers waaronder een P IV en een D III.
Op 31 augustus stond er weer spanning op het net. Er werd dezelfde beperkte dienst gereden als op 30.8.39 maar nu met blokkendozen in de samenstelling van 10-rijtuigtreinen. Ten behoeve van militaire transporten was er op 1 en 2 september geen treindienst waarna op zondag 3 september weer de beperkte dienst van 30 en 31 augustus werd gereden, zonder enige zondagse beperking. Dat kon ook bijna niet. Het was als 50 jaar geleden, toen was er ook geen verschil tussen werkdagen- en zondagsdienst. Die zondag reden de electrische treinen niet verder dan Rotterdam, voor de 2 „doorgaande" verbindingen naar Dordrecht moest te Rotterdam worden overgestapt op stoomtractie.
Op 4 september kwam een wat uitgebreider beperkte dienst. Een uurdienst Amsterdam — Dordrecht, Haarlem — Zandvoort (waarvan om de andere trein doorgaand van Amsterdam), Haarlem — IJmuiden, Haarlem — Uitgeest en Amsterdam — Alkmaar. Vrij snel groeide deze dienst weer aan tot redelijke, hoewel nog niet tot vooroorlogse frequenties. Op 15 oktober 1939 was de oude dienstregeling weer vrijwel benaderd inclusief de teruggekeerde locaaltreinen Haarlem — Rotterdam, maar in verband met dreigend oorlogsgevaar, stortte op 10 april 1940 de gehele dienst weer in elkaar. Enige dagen werd een 2-uurdienst Amsterdam — Rotterdam gereden waarvan 4 treinen door naar Dordrecht. Vier treinen naar Zandvoort en IJmuiden, hetzelfde aantal ook op de trajecten Haarlem — Uitgeest — Alkmaar en Amsterdam — Uitgeest — Alkmaar.
Op 19 mei 1940 zou alles weer geheel in orde zijn gekomen, ware er op 10 mei geen Duitse inval geweest. Bij het bombardement van Rotterdam op 14 mei 1940 werden de BD 9112, B 8504, A 8509, C 8534 en C 9408 aan het DP-station door brand dermate zwaar beschadigd dat al deze rijtuigen moesten worden afgevoerd. Ook C 8544 werd tijdens de oorlogsdagen van 1940 zwaar beschadigd. Dit rijtuig had aan de zuidzijde van het emplacement Den Haag HSM dwars over de spoorbaan gelegen. Hoewel aanvankelijk gelijkgesteld met de door brand geheel vernielde rijtuigen te Rotterdam DP, werd na enige maanden toch besloten C 8544 weer te herstellen.
De stormen, die sinds mei 1940 over ons land hebben gewaaid, hebben ook hun sporen achtergelaten op de treinenloop en treinsamenstelling. Het heeft ca. een jaar geduurd, voor het NS-net weer in zijn geheel geëxploiteerd kon worden. De zomerdienstregeling van 1941 was de eerste tijdens de bezetting waarvan de materieelomloop aan de vooroorlogse tijd deed denken, zij het dan hier en daar

aangepast aan de gewijzigde omstandigheden.
Toen op 16 mei 1940 de dienst weer kon worden hervat, eindigden de electrische treinen te Den Haag HSM, op 20 mei te Delft, op 22 mei te Schiedam en op 25 mei te Rotterdam DP. De vernielingen aan het viaduct door de stad deden de stoomtreinen voor Dordrecht beginnen te Feijenoord. Alle electrische treinen – ook in Noord-Holland – reden weer een uurdienst. Pas op 15 juni 1940 kon weer worden doorgereden van Rotterdam DP naar Dordrecht, maar er kon nog niet te Rotterdam Beurs worden in- en uitgestapt, dat was pas eind juli mogelijk.
Aangezien de mobilisatie van augustus 1939 en de Duitse bezetting sinds mei 1940 voor kortere of langere tijd de treinenloop beperkten en mede door het gemis aan wegvoertuigen, werd gedurende deze periode de normale samenstelling van de hoofdlijntreinstellen opgevoerd tot 7-, 8- en 10-rijtuigtreinen.
Met de hervatting van de dienst na de mei-dagen van 1940 werden de locaaltreinen opgeheven. Een aantal sneltreinen van de halfuursdienst stopten toen aan de tussengelegen stations. Op 15 december 1940 kwamen de locaaltreinen zodanig terug, dat één stel al deze treinen kon rijden. Hiervoor werd nu een stroomlijnstel gebruikt.
Met de dienst van 4 mei 1942 heeft een combinatie van de IJmuidense dienst (mABD-Ces-mCv) in de stoptreinen van Haarlem naar Den Haag gelopen. Gedurende ca. een maand reden deze combinaties de gehele locaaldienst, nadien maakten zij nog maar een enkele rit en keerden de stroomlijntreinstellen weer terug in deze dienst.
Tengevolge van het steeds toenemende aantal trekkrachten werden met de dienst van 17 juli 1944 de IJmuidense treinstellen geheel opgeheven. De dienst naar IJmuiden werd sindsdien door de Noordhollandse treinstellen gereden. Reeds sinds enige jaren liepen de Ces en Cesc rijtuigen met de Cec rijtuigen dooreen. De stuurstand van de C 8100en werd dan toch niet meer gebruikt omdat er altijd een mC of mCv voorliep.
Reeds spoedig na mei 1940 werd de NH-samenstelling (mB4D – ABecm – Cec – mCv) uitgebreid met nog een tweede Cec tussen de mCv en de reeds aanwezige Cec. Deze combinaties bleven bij voorkeur gereserveerd voor de Noordhollandse lijnen. Zij maakten alleen nog een enkele rit van Amsterdam naar Zandvoort en IJmuiden.
Voor versterking van de N.H.-treinen werd een groter aantal mCd's en Cec's dan mB4D's en ABecm's gebouwd, terwijl bovendien nog 2 Bec's (B 8532-8533) voor dit doel werden aangemaakt. Slechts een jaar hebben de beide B's in Noord-Holland gereden, daarna bleek op deze lijnen aan versterking met tweede klasse rijtuigen geen behoefte meer te bestaan. Deze twee rijtuigen gingen toen dienst doen tussen Amsterdam en Dordrecht.

's-Hertogenbosch – Eindhoven. Tengevolge van de vernielde spoorbruggen over Waal en Maas, lag sinds mei 1940 het electrische baanvak 's-Hertogenbosch – Eindhoven geïsoleerd van het overige geëlectrificeerde net. Hierdoor werd aanvankelijk op bedoeld traject de stoomtractie weer ingevoerd.
Het locomotieftekort was echter aanleiding, dat van 25 september tot 15 december 1940 (toen de doorgaande verbinding Utrecht – Eindhoven weer was hersteld) één hoofdlijntreinstel op het traject 's-Hertogenbosch – Eindhoven heeft dienst gedaan. Een tweede stel was nodig voor reserve.
Voor hun periodiek onderhoud aan de Revisieloods Amsterdam Oostzaanstraat, werden deze stellen eens per week met een stoomlocomotief van 's-Hertogenbosch

via Waalwijk – Lage Zwaluwe naar Dordrecht gebracht. Aldaar wisselden zij dan om met twee stellen die juist hun wekelijkse revisie hadden ondergaan.
Algemeen. Op 15 december 1940 had Amsterdam – Rotterdam weer zijn sneltrein-halfuursdienst met eens per uur naar Dordrecht. De locaaltreinen van Haarlem liepen niet verder dan Den Haag.
Amsterdam – Alkmaar bracht het niet verder dan een uurdienst, evenals Haarlem – IJmuiden en Haarlem – Uitgeest. Op de drukke uren liepen enkele treinen van Haarlem via Uitgeest door naar Alkmaar. Aan deze opzet is tijdens de bezettingsjaren weinig of niets veranderd.
In de winter van 1941/1942 werd de zesrijtuigtrein uitgebreid tot een zevenrijtuigtrein door tussenvoeging van een tweede Cec tussen de aanwezige Cec en mCd. Deze combinatie bleef bij uitstek op de oude lijn rijden.
Allerlei massale werkzaamheden eisten werkliedentreinen van grote lengte. Het begon in 1941 met de combinatie:
mBD–Cec–Cec–mC–Cec–Cec–mC–Cec–Cec–mC
die reed van Amsterdam naar Wolfheze, eind 1941 nog uitgebreid met een elfde Cec. Andere minder spectaculaire maar wel uit blokkendozen samengestelde werkliedentreinen liepen in die tijd van Amsterdam naar Zaandam, van Amsterdam naar 's-Hertogenbosch en van Rotterdam DP naar Hoek van Holland.
De winterdienst 1941/1942 bracht ons ook nog een vierblokkendozentrein van de samenstelling: mBD–Bec–Cec–mC speciaal voor een dagdienst op de ZHE. Zo kwamen zij weer eens te Rotterdam Hofplein en Scheveningen Kurhaus. Het stel bleef niettemin aan de Oostzaanstraat in depôt en ging daartoe met de eerste locaaltrein naar Den Haag en met de laatste locaal terug.
Het toenemende aantal trekkrachten schiep de noodzaak om met ingang van 4 mei 1942 ook stroomlijntreinstellen op de oude lijn te laten rijden. Het waren in de middaguren maar 2 tussentreinen van Amsterdam naar Rotterdam v.v. (tr. 1043, 1048, 1047, 1044). Het zou echter nog een aantal jaren duren voor de laatste blokkendoos van de oude lijn verdween.
Met het gereedkomen van enige AB's van de series 8501 en 8531 werden in de zomer van 1942 van enkele zevenrijtuigtreinen het A en B rijtuig vervangen door 2 AB's. Ook werden in die tijd deze nieuwe AB's nogal eens als derde klasse rijtuig gebruikt.
Daar het bij de invoering van de zomerdienst 1942 toch in de bedoeling lag om de mBD, Bec en de ABec rijtuigen van de serie AB 8521-8524^{I} te verbouwen, mochten deze rijtuigen de laatste tijd voor hun verbouwing ook als versterkings-C worden gebruikt. De betreffende mBD's werden dan gedraaid om, evenals de mC's, met hun stuurstand naar de Amsterdamse zijde te staan.
De aanhoudende stijging van het vervoer en de overvolle treinen maakten het noodzakelijk om met de dienst van 1 maart 1943 nog een derde Cec aan de stamtreinen toe te voegen. De vaste samenstelling bestond nu uit 8 rijtuigen (mBD-Bec-Aec-Cec-Cec-Cec-mCv-mCv).
Tijdens de zomer van 1943 was het gebruik van 2 AB's reeds vrij algemeen geworden in verband met het steeds grotere aantal AB's dat ter beschikking stond, terwijl nog maar enkele A en B rijtuigen aanwezig waren.
Met de dienst van november 1943 toen langzamerhand de achtrijtuigtrein op de oude lijn stamtrein was geworden omdat er toch verder geen versterkingsrijtuigen meer gesteld konden worden, werden de motorrijtuigen in deze combinatie meer gelijkmatig verdeeld. De samenstelling werd toen: mBD-ABec-ABec-mCv-Cec-Cec-Cec-mC of mCv. De Aec en Bec rijtuigen waren toen practisch

verdwenen, zodat in plaats daarvan 2 ABec's werden gesteld.
Een mC kon weer aan de kop lopen want er werd toch nooit meer een ander personenrijtuig voor geplaatst, hoe vol de treinen ook waren en hoe dikwijls ook tientallen passagiers moesten achterblijven.
Een enkele maal liep in plaats van het mBD rijtuig een mCD rijtuig.
In de dagen vóór de oorlog was het uitbesteden van herstelwerkzaamheden aan fabrieken als Werkspoor, Beijnes en Allan, zeer grote uitzondering. Toen in de oorlogsjaren van 1940 de NS-werkplaatsen met werk waren overladen werd het repareren van belangrijke schade aan de Nederlandse industrie uitbesteed. De revisie van Duitse locomotieven en rijtuigen, daden van sabotage, de strenge winters, de duisternis en het steeds toenemende oorlogsgeweld met nog daarbij gevoegd het verminderde onderhoud, brachten immer meer herstelwerkzaamheden met zich mee.
Zo werd in 1943 het motorrijtuig mCv 9445, dat eind november 1942 te Schiedam door ernstige motorstoring geheel was uitgebrand, bij Beijnes weer opgebouwd en werd het rijtuig C 8512 dat achter dit motorrijtuig liep en ook geheel uitbrandde, bij Werkspoor in herstelling genomen. Ook de motorrijtuigen mABD 9802 en mC 9006 werden tengevolge van brand geheel vernield en in 1943 bij Beijnes in herstelling gegeven evenals de mBD 9130 en 9159. De ABD 9802 raakte in maart 1943 tussen Vogelenzang/Bennebroek en Haarlem in brand. Dit rijtuig liep in opzending in een electrische trekkracht die als werkliedentrein dienst deed van Rotterdam DP naar Amsterdam. De C 9006 brandde begin april 1943 te Woerden geheel uit. Dit rijtuig liep eveneens in een electrische trekkracht.
Met de laatste bezettingsdienst van 17 juli 1944 reden de 10 achtrijtuigtreinen, behoudens op de oude lijn, nog een dagdienst Amsterdam – Alkmaar en enkele ritten Haarlem – IJmuiden en Haarlem – Uitgeest. De overige treinen op laatstgenoemde drie trajecten werden door de 6 Noordhollandse treinstellen gereden. Voor de enkele overgebleven treinen van de halfuursdienst en de treinen die op de drukke uren buiten de halfuursdienst nog werden ingelegd, liepen op het baanvak Amsterdam – Dordrecht stroomlijntreinstellen.
De overvloed van reizigers in de oorlogsjaren, gaf bij vertrek op vele grote stations meer dan eens aanleiding tot allerlei levensgevaarlijke complicaties. Diverse wagenbestuurders volgden daarom de goede gewoonte zo langzaam mogelijk op te trekken bij het verlaten van het station teineinde het aantal ongevallen te beperken. Deze enorme reizigerstoeloop was aanleiding, dat NS besloot met ingang van 15 juni 1944 de gescheiden in- en uitgang te doen vervallen. De ordelievende gewoonte van het publiek om over het juiste balkon in of uit te stappen, was geheel verdwenen. Men dromde voor alle balkons tezamen met als resultaat dat iemand noch in, noch uit kon stappen. Dit had geen ander gevolg dan een bron van vertraging. Uiteindelijk zegevierde dan het recht van de sterkste.
De nieuwe maatregel, gelanceerd onder het devies „eerst uitstappen, dan instappen over alle balkons", gaf op den duur wel enige verbetering.
Met de toename van het aantal treinbeschietingen tijdens de zomer van 1944, nam bij de electrische treinen ook in de achterste stuurstand een wagenbestuurder plaats. Kwam het luchtgevaar van achteren, dan verbrak deze bestuurder de tractiestroom van het achterste rijtuig. Dit was voor de voorop rijdende bestuurder een aanwijzing om onmiddellijk te remmen.
Luchtgevaar werd het personeel kenbaar gemaakt door het uitsteken van de geel-blauw-gele vlag (sein Lodewijk) van de seinhuizen. De maximumsnelheid

van de trein werd dan verminderd tot 40 km/h. Bij een naderende aanval van geallieerde jagers kon de trein snel tot stilstand worden gebracht teneinde de reizigers in de gelegenheid te stellen zo snel mogelijk uit de trein te komen en zover mogelijk daarvan verwijderd in het veld dekking te zoeken.
Sinds de dienst van 17 juli 1944 liepen er van het hoofdlijnmaterieel, behoudens de 21 drierijtuigtrekkrachten nog maar 10 achtrijtuigtreinen en 6 Noordhollandse treinstellen. Als versterking waren er 3 combinaties bestaande uit een ABec en een Cec rijtuig die met de stam 3 tienrijtuigtreinen vormden. Dan nog 3 versterkingen van een Cec rijtuig.
Deze versterkingsrijtuigen deden bijna uitsluitend dienst in de trekkrachten als deze in de personendienst of als werkliedentrein reden. Slechts één keer per dag maakte één van deze Cec's, als versterking van een achtrijtuigtrein, een slag van Dordrecht naar Amsterdam en terug.
In vergelijking tot de vooroorlogse dienst, was tijdens de bezettingsjaren in het algemeen de dienstregeling op de electrische baanvakken minder zichtbaar beperkt dan op de stoombaanvakken. Wel verdwenen op de hoofdlijn diverse treinen die tussen de halfuursdienst in liepen. Zo werd op het baanvak Rotterdam DP – Dordrecht een uursdienst ingevoerd en werd ook op de Noordhollandse lijnen het aantal treinen verminderd, doch niettemin bleef de frequentie op al deze lijnen nog voldoende.
Met ingang van 13 augustus 1944 werd ter stroombesparing op de electrische lijnen, uitsluitend de zondagsdienst enigszins ingekrompen.
Toen eenmaal het strijdtoneel de zuidelijke grenzen van Brabant en Limburg had bereikt, werd met ingang van 5 september 1944 de treinenloop geheel gedesorganiseerd. Reeds enige dagen voordien waren de normale treinverbindingen in en met de zuidelijke provincies verbroken.
Tengevolge van de rigoureuze treinbeschietingen van de voorgaande weken, was het aantal ter beschikking staande electrische rijtuigen aanzienlijk verminderd. Met moeite kon op de geëlectrificeerde baanvakken die nog niet door geweld waren vernield een enkele trein per dag rijden, terwijl op de lijn Amsterdam – Rotterdam – Dordrecht amper een één- à twee-uursdienst kon worden uitgevoerd. Ruim een week later werd de dienst in zoverre nog verslechterd, dat tussen 10 en 16 uur in het geheel geen electrische treinen meer liepen en de zondagsdienst voor reizigersvervoer, zowel met stoom als electrische tractie, geheel werd stopgezet. De totaal verbroken verbinding met de Limburgse kolenmijnen, waardoor ook de electriciteitsbedrijven zich met hun schamele restjes steenkool voor onbepaalde tijd moesten behelpen, maakte deze maatregel noodzakelijk. Het toch al geruïneerde Nederlandse spoorwegnet werd bovendien nog overal daar zwaar beschadigd waar de Duitse legerleiding zich terugtrok en systematisch en grondig alle emplacementen met bijbehorende werken en materieel vernielde.
Opmerking verdient het ook, dat met het opdringen van de geallieerde legers naar het noorden, de helft van het aantal electrische treinstellen dat te Amsterdam CS en Rotterdam DP behoorde te overnachten, de nacht doorbracht te Amsterdam Amstelstation, resp. Rotterdam Zuid. Dit om bij eventuele luchtaanvallen op de hoofdstations van Amsterdam en Rotterdam, door spreiding, althans een gedeelte van het materieel, te redden. Teneinde beschieting en bombardering ervan zoveel mogelijk te voorkomen, werden de treinstellen op de grote stations onder de stationsoverkappingen geplaatst in plaats van op de opstelsporen.

Reden de eerste weken na 5 september de treinen nog volgens de zomerdienstregeling van 1944, evenwel met dien verstande, dat een zeer groot percentage was uitgevallen waarbij het iedere dag andere treinen waren die uitvielen en liepen, met ingang van maandag 18 september zou een uiterst beperkte nieuwe werkdagendienstregeling worden uitgevoerd. Hierbij reden op de nog berijdbare baanvakken slechts een paar treinen per dag. Deze dienstregeling is echter nooit ingevoerd. Nadat met de reeds stopgezette zondagsdienst van 17 september de enkele goederentrein die het nog waagde heel langzaam en met grote omzichtigheid te rijden, zwaar was beschoten, werd diezelfde avond door de toenmalige Nederlandse regering te Londen via Radio Oranje de algemene staking voor het gehele Nederlandse spoorwegpersoneel geproclameerd. In een nadere toelichting verklaarde de regering dit bevel te hebben gegeven na rijp beraad met het geallieerde opperbevel dat van haar kant had gewezen op de dringende strategische en tactische noodzaak om tot deze maatregel over te gaan. Het stakingsparool „Alle kinderen van Versteeg moeten onder de wol" werd vrijwel algemeen opgevolgd.

Duits affiche tijdens de spoorwegstaking 1944/1945.

Zou dit bevel niet zijn nagekomen of zou de staking later worden opgeheven, dan kwam de geallieerde luchtmacht in veel sterkere mate dan tot nu toe geschiedde, tussenbeide. Zij zou zich dan richten tegen objecten die bemand en bediend waren door Nederlanders: meedogenloze beschieting van treinen en bombardering van stationsemplacementen zou zijn gevolgd. Ook dan zou na enige weken elk transport in het bezette gebied stil komen te liggen, ook dan zouden de onvermijdelijke gevolgen zijn geweest hongersnood, stilliggende electrische centrales en gasfabrieken maar dan ten koste van honderden levens van Nederlandse spoorwegmannen. Ofschoon het niet mogelijk is, zich een beeld te vormen van de toestanden indien het personeel niet zou hebben gestaakt, mag toch worden aangenomen, dat de geallieerde legerleiding haar militaire operaties bezwaarlijk afhankelijk kon stellen van het al of niet staken van de Nederlandse spoorwegmannen zoals later door de Nederlandse regeringsverklaring werd bevestigd. Zo deed het gevleugelde woord van 1903 wederom opgang:

Heel het raderwerk staat stil
Als Uw machtige arm het wil

Het mocht de Duitse bajonetten niet gelukken het Nederlandse spoorwegmechaniek weer op gang te brengen zodat de Deutsche Reichs Bahn het vervoer ten behoeve van de Duitse weermacht in eigen beheer ging verzorgen met haar eigen personeel en machines.
Begin 1945 trachtten de Duitsers nog de staking te breken door het beloven van dubbele rantsoenen voedsel en steenkool aan het Nederlandse spoorwegpersoneel.
Aanvankelijk reed ten behoeve van de weermacht nog een enkel Noordhollands

electrisch treinstel van Amsterdam naar Alkmaar en verscheen een dergelijk treinstel, gereden door een PO_1 1700, o.a. op het nog maar gedeeltelijk geëlectrificeerde baanvak Utrecht – Hilversum – Amsterdam CS. Eerst werden de tussengelegen stations niet door DRB personeel bezet, wel de aansluitingsstations. Evenmin werden de blokposten en overwegen bediend; de signalen werden niet getrokken, de overwegen bleven bij het doorrijden van de treinen open. Deze wel zeer onvoldoende beveiliging van de treinenloop gaf aanleiding tot meerdere ongevallen en botsingen zodat nu ook de tussengelegen stations een zeer beperkte Duitse bezetting kregen. Het rijden door onveilige seinen en niet gesloten overwegen bleef echter voorlopig bestaan. Tijdens de spoorwegstaking werd op sommige baanvakken de beveiliging door de Duitsers weer in gebruik genomen. Hierdoor kon de snelheid van de treinen op deze lijnen worden opgevoerd.
De Duitse treinen reden bijna uitsluitend bij nacht en ontij – mist, regen en zware bewolking – om beschietingskansen tot een minimum te beperken.
Het personen- en goederenvervoer per spoor voor de Nederlandse behoeften stond sinds half september geheel stil en te gaarne werd door de Duitse autoriteiten de volle verantwoordelijkheid voor de mede hierdoor aan hongersnood grenzende voedselschaarste, speciaal in de drie westelijke provinciën met haar dichte bevolkingscentra en grote steden, op de schouders van de stakende Nederlandse spoorwegmannen geschoven.
Na de septemberdagen begon het wegvoeren van het Nederlandse spoorwegmaterieel naar Duitsland. Met stukjes en beetjes verdwenen de hoofdlijners.
De vreemdste combinaties electrische rijtuigen zag men in de oostwaarts rijdende goederentreinen worden meegevoerd. Zo reden de blokkendozen hun laatste rit in eigen land, getrokken door vreemde machines, over baanvakken waar ze nog nooit waren geweest. Vele hadden koersborden met het opschrift „Hummel-Hummel" met daarachter een getal. Soms liepen er voor de locomotief een paar ledige zandwagens om bij sabotage aan de spoorlijnen of bij inslag van niet ontplofte bommen het ontsporen van locomotief en trein te voorkomen en te beperken tot deze ledige wagens.
Van diverse baanvakken werd het tweede spoor meegenomen, opslagplaatsen, magazijnen en werkplaatsen werden leeggehaald, emplacementen opgebroken.
Met de rede van Dr. Ir. W. Hupkes, de toenmalige President van de NS, op dinsdag 8 mei 1945, kon de staking als opgeheven worden beschouwd. Het is in dit verband vermeldenswaardig om te memoreren, dat reeds maanden voor het uitbreken van de staking deze was voorbereid door directie en personeelraad via de ondergrondse met de regering te Londen.

Trekkrachten.

Het tekort aan stoomlocomotieven dat na mei 1940 was ontstaan, mede door het vervallen van de diesel-electrische tractie, werd aanleiding om op de geëlectrificeerde baanvakken proeven te nemen met goederentreinen die door motorrijtuigen werden gereden. Het resultaat hiervan werd, dat sinds de zomer van 1940 drie gekoppelde motorrijtuigen in deze dienst als proef werden gebruikt. Hieronder vielen ook de Limburgse kolentreinen. Hoewel alle motorrijtuigen in de goederendienst zouden kunnen rijden, werden in de trekkrachten aanvankelijk uitsluitend de Vickers rijtuigen gebruikt. Ondanks het in latere jaren intensieve gebruik van motorrijtuigen in deze dienst, moet dit toch uitsluitend als een nood- en oorlogsmaatregel worden gezien. Het aantal te vervoeren wagens was dan ook

4-rijtuigtrein + 2 rijtuigen versterking Haarlem-Amsterdam. (verz. NJvWJ)

lager gesteld dan dat onder gelijke omstandigheden voor de diverse typen stoomlocomotieven was gesteld.
De geheel andere eisen, waaronder een sterk wisselende treinbelasting, die in de goederendienst aan de orde kwamen, waren bij het ontwerp van de electrische motorrijtuigen geheel buiten beschouwing gebleven.
Als gevolg hiervan hadden de electrische trekkrachten bij het optrekken van een goederentrein tegen een brughelling, zoals die van de Maasbruggen te Rotterdam of van de Merwedekanaalbruggen te Utrecht, in het begin nogal eens last van doorgebrande weerstanden. Bij het schakelen in de seriestand (de eerste rijstand op de rijcontroller) worden de aanvankelijk nog instaande weerstanden geleidelijk uitgeschakeld. Dit geschiedt bij de Heemaf- en Vickersrijtuigen automatisch door relais. Hierbij wordt steeds een gedeelte weerstand kortgesloten indien de stroomsterkte een bepaald minimum heeft bereikt. Tengevolge van het zwaardere trekken met een goederentrein tegen de helling, werd dit minimum later bereikt, sloot het relais te laat voor de volgende maal en bleven de weerstanden te lang ingeschakeld met als gevolg te warm worden en uiteindelijk doorbranden.
Na het verzwaren van de weerstanden werd dit euvel ondervangen en voldeden de electrische trekkrachten veel beter.
Deze trekkrachten kregen sinds 1941 uitsluitend koperen sleepstukken op hun stroomafnemers, bovendien werden hun dakveiligheden verzwaard.
Het plaatsen van koperstrippen in plaats van koolstrippen op de schuitjes van de stroomafnemers had het grote bezwaar, dat de bovenleiding nu meer afsleet dan met de zachtere koolstrippen. Daar kwam nog bij, dat de trekkrachten met al hun stroomafnemers tegen de draad reden. Dit in tegenstelling tot de treinstellen die per motorrijtuig maar één stroomafnemer op hadden staan. De meerdere slijtage van de koolstrippen was eenvoudiger en goedkoper op te vangen dan het afslijten van de koperen bovenleiding. Na de oorlog werden de koperen strippen dan ook weer zo snel mogelijk door koolstrippen vervangen.

4-rijtuigtrein + 2 rijtuigen versterking trein 522 Arnhem-Amsterdam. (foto NJvWJ, 21.4.50 Utrecht)

Ook het begrenzingsrelais bij de serieschakeling werd verhoogd van 220 tot 250 ampère met als gevolg dat uitsluitend bij de parallelschakeling van de Vickers-rijtuigen dit begrenzingsrelais nog werd verzwaard van 370 tot 440 ampère. Bij de Heemaf-rijtuigen bleef dit relais 440 ampère. Maar dan konden de trekkrachten de 3700en evenaren met het rijden van kolentreinen van 60 wagens.
Ook het aanzetten op de vlakke baan gaf aanvankelijk enige moeilijkheden. Hierbij trokken de drie motorrijtuigen te snel op met als gevolg het veelvuldig breken van de koppelingen van de goederenwagens. Teneinde hieraan tegemoet te komen, werd nu van het voorste motorrijtuig de tractiestroom uitgeschakeld door middel van de laagspanning motoruitschakelaar – bij het rijdend personeel bekend onder de naam „harkje" – waardoor dit motorrijtuig niet meer mee trok maar door de beide volgende rijtuigen werd opgeduwd. Hierdoor vond het aanzetten geleidelijker plaats. Was voldoende snelheid verkregen, dan werd, na op de rijcontroller terug te schakelen in de nulstand, de tractiestroom van het eerste rijtuig weer ingeschakeld waarna de rijkruk in de seriestand werd geplaatst en de drie motorrijtuigen nu gezamenlijk trokken.
Bij het rijden van goederentreinen kreeg de wagenbestuurder in verband met de veiligheid, steeds een begeleider mee die bij eventuele onregelmatigheden assistentie kon verlenen. De hoofdgeleider in de Dg achteraan de trein, was wel ver verwijderd van de wagenbestuurder. De bestuurder kon dan in gevallen van storing, zoals het afbreken van de trein, ter plaatse blijven voor het terugzetten daarvan. Het weer aankoppelen van de wagens geschiedde door de begeleider. Deze kon zich dan verder met de hoofdgeleider in verbinding stellen. Speciaal gedurende de lange en verduisterde winternachten van de oorlogsjaren, waarbij elk uitzicht welhaast onmogelijk was, kwam de begeleider in deze uren van gevaar wel dubbel tot zijn recht.
Voor begeleider werd als regel een leerling-machinist aangewezen en bij ontbre-

3-rijtuigtrein Utrecht-Arnhem. (verz. NJvWJ)

ken daarvan een andere beambte van de Dienst van Tractie. Tijdens de oorlogsjaren waren deze leerlingen bij honderden aangesteld om het tekort aan locomotiefpersoneel op te vangen.

Aanvankelijk nam de begeleider plaats bij de wagenbestuurder doch later moest hij elders in de trekkracht een onderkomen vinden. Hiermee werd de mogelijkheid uitgesloten om de bestuurder af te leiden. Bij de personendienst van gesloten electrische treinstellen kon de éénmansbediening blijven bestaan. Door de geringere lengte van de treinen en de betere communicatie kon de hoofdconducteur veel eenvoudiger met de bestuurder in contact treden.

Toen in oktober 1940 de electrische trekkrachten als drierijtuigtreinen gingen lopen waren, ten behoeve van de uitvoerende dienst, deze „electrische locomotieven" in één groep ondergebracht. De verschillende dagdiensten van deze groep werden genummerd 101- 102, enz. Reeds spoedig ging men ertoe over de diverse trekkrachten deze zelfde nummers te geven die dan in kleine witte cijfers op de voorruiten van de drie rijtuigen werden geschilderd. Dit nummeren geschiedde alleen om het regelmatige onderhoud te Amsterdam Revisieloods op tijd te doen plaatsvinden; men kon de genummerde trekkrachten 101, 102 enz. beter in het oog houden dan wanneer deze met hun drie rijtuignummers zouden moeten worden aangeduid.

Werd één van de drie rijtuigen van trekkracht 104 vervangen door een ander, dan werd van het eerst bedoelde rijtuig het nummer 104 verwijderd en kreeg het nieuwe rijtuig dit nummer op zijn voorruit geschilderd.

Gegeven de diverse electrische verzwaringen die aan de motorrijtuigen uit de trekkrachtendienst werden aangebracht, was het – althans theoretisch – de bedoeling steeds dezelfde rijtuigen in deze dienst te laten lopen. Het aantal toenemende beschietingen en verdere defecten van allerlei aard maakten het in de loop van de oorlogsjaren steeds moeilijker hieraan de hand te houden. Een en ander kwam de dienstuitvoering niet ten goede. Maar in die jaren kon dit eerder

E-trekkracht met goederentrein Amsterdam-Den Haag HSM. (foto Bonthuis)

als een voordeel dan als een nadeel worden beschouwd.
Later, met de uitbreiding van het aantal trekkrachten, gingen deze dienst doen in twee groepen die resp. werden genummerd 101, 102, enz. en 201, 202, enz. Alle trekkrachten hadden, evenals het daarop dienstdoende personeel, Utrecht, als het meest centrale punt van het electrische net, tot standplaats. Het onderhoud geschiedde echter aan de revisieloods te Amsterdam Oostzaanstraat. Dit gaf bij een één- à tweewekelijkse revisie van de rijtuigen geen moeilijkheden in de exploitatie. Zouden de rijtuigen dagelijks in onderhoud gaan, dan diende het betreffende tractie-personeel bij het begin/einde van iedere dienst als passagier heen en terug van/naar Utrecht naar/van Amsterdam te moeten reizen. Sinds november 1942, bij de verdere uitbreiding van het aantal trekkrachten, deden ook enkele bestuurders uit andere depôts dan Utrecht, hierop enige diensten.
Met de invoering van de trekkrachten dienst in november 1942, werd de samenstelling van vele trekkrachten verminderd tot twee motorrijtuigen om het aantal nog meer te kunnen uitbreiden. Bij de twee groepen trekkrachten werd nu een derde groep gevoegd bestaande uit combinaties van twee motorrijtuigen. Deze werden genummerd 301 en hoger.
Nadat in de praktijk was gebleken, dat het mindere vermogen van deze tweerijtuigtrekkrachten aanleiding gaf tot storing kwam men echter spoedig hierop terug. Deze trekkrachten werden weer uitgebreid tot drie rijtuigen.
De drie groepen werden nu wederom teruggebracht tot twee groepen die de nummers 101, resp 201 en hoger kregen. Alle trekkrachten in één serie op te nemen, welke serie dan bijvoorbeeld 17 stellen zou bevatten, kon voor een goede dienstuitvoering bezwaar opleveren. Bij de electrische locomotieven geldt tegenwoordig dit bezwaar niet meer.
Het materieeltekort in de oorlogsjaren, kon mede worden verklaard door het feit, dat meerdere werkliedentreinen, bestaande uit hoofdlijnmaterieel, ter beschikking moesten worden gesteld. Ook de electrische trekkrachten eisten een twintigtal motorrijtuigen op. Zo stonden er met de zomerdienst 1942 steeds 7 stellen gereed. Met de beperkte dienst van 24 augustus 1942 werd dit aantal uitgebreid tot 12 stuks waardoor het grootste gedeelte van de versterkingsrijtuigen op de oude lijnen moest vervallen. Als kleine compensatie werden enkele electrische trekkrachten nog gebruikt als voortrein op het baanvak Amsterdam – Dordrecht,

al dan niet versterkt met enige tussenrijtuigen. Dergelijke combinaties gingen toen ook lopen tussen Utrecht en Amersfoort ter vervanging van stroomlijntreinstellen.
De normale samenstelling van een electrische trekkracht was mBD-mCv-mC of mCv. De middelste mCv was nodig om de bestuurder in de gelegenheid te stellen zich binnendoor naar het andere koprijtuig te begeven. Een mBD, eventueel mCD rijtuig kwam gewenst voor, teneinde de trekkrachten ook enige laadruimte te geven. Dit kon in enkele gevallen van pas komen. Ook het tractie-personeel wist deze bagageruimte te benutten. De trekkrachten hadden tegenover de stoomlocomotieven een ruimere rijtijd door hun toch sneller aanzetten en rijden. Bovendien kon men als gevolg van de vrij geringe treinfrequentie de goederentrein op de vrije baan neerzetten om aardappelen of ander voedsel op te halen bij de boeren onderweg. En maakte men vertraging dan was het immer een na enige tijd verholpen kleine storing. Tegenwerking ten aanzien van de bezettende macht was altijd een goede zaak.
De speciale samenstelling en de voorkeur van Vickers rijtuigen voor de goederendienst maakten de materieelomloop in deze tijd niet eenvoudiger.
Daar weinig mC rijtuigen een Vickers installatie hebben en er slechts 10 mCv's mee zijn uitgerust, werden, toen het aantal trekkrachten toenam, ook Heemaf rijtuigen voor deze dienst gebruikt.
Sinds mei 1942 werden ook wel de drie, eventueel twee motorrijtuigen van de hoofdlijntreinstellen als trekkracht gebruikt wanneer deze te Rotterdam DP of Amsterdam CS overstonden. Dit bracht natuurlijk enige rangeerbewegingen met zich mee omdat de tussenrijtuigen moesten worden uitgezet. In dit verband noem ik:

1. personentrein 1051 Amsterdam – Rotterdam DP, goederentrein 4705 Rotterdam DP – Utrecht – Arnhem, los terug naar Rotterdam.
2. versterking tr. 2414 Alkmaar – Amsterdam, goederentrein 4601, 4602 Amsterdam CS – Rotterdam DP – Amsterdam CS.

Omgekeerd reden er trekkrachten, versterkt met een aantal tussenrijtuigen, personen- en werkliedentreinen. De 11-rijtuigtrein naar Wolfheze, in 1942 ingekort tot de Klomp, bestond nu uit een drierijtuigtrekkracht, 7 Cec's en achteraan een mCD.
Toen de trekkrachten begonnen te rijden, was hun een beperkt aantal treinen toegewezen zonder dat er van een gesloten locdienst sprake was. Om deze, voor hen facultatieve, treinen te kunnen rijden, gingen de trekkrachten dikwijls los naar of kwamen los van hun bestemming. Het TLR-Bureau (trein- en locdienst regeling) maakte de dienst uit van deze trekkrachten.
In augustus 1942 kwam er echter een gesloten en volledige 24-uurs dienst voor een serie van 9 trekkrachten.
Met de toename van het aantal trekkrachten gingen deze krachtvoertuigen goederentreinen rijden over het gehele geëlectrificeerde net zoals van Barendrecht via de verbindingsbaan te Rotterdam naar Arnhem, kolen- resp. lege bakkentreinen van Eindhoven naar Abcoude, Barendrecht en via Utrecht CS of Utrecht Maliebaan naar Amersfoort en terug. Ook hebben zij goederentreinen gereden van Rotterdam DP via de verbindingsbaan, het voormalige station Harmelen en het station Breukelen naar Abcoude. Toen in 1943 op de hoofdlijn van Breukelen naar Harmelen goederenwagens werden geplaatst, verviel voor de goederentreinen deze rechtstreekse verbinding tussen Harmelen en Breukelen. Op dezelf-

de wijze had de Staatsspoor in de wereldoorlog van 1914 op deze lijn een paar honderd van haar locomotieven vele maanden opgeborgen binnen de waterlinie.
Dat deze goederentreinen te Abcoude en Barendrecht hun eindpunt vonden, moge zijn verklaring vinden in het feit, dat het baanvak Duivendrecht aansluiting — Watergraafsmeer en de goederensporen te Dordrecht niet geëlectrificeerd waren en de betreffende goederentreinen door stoomlocomotieven daarheen moesten worden vervoerd.
Ook op de tussenliggende stations van het geëlectrificeerde net, zoals Gouda en Utrecht, liepen de goederentreinen die met electrische trekkrachten werden gereden, over de hoofdsporen langs de perrons door, eventueel stopten zij op deze sporen. Dit laatste kon gemakkelijk aanleiding geven tot vertraging in de personendienst. Mede hierdoor stonden te Utrecht CS de electrische trekkrachten voor facultatieve diensten steeds op het middenspoor tussen 2e en 3e perron.
Door het gemis van een rijdraad boven de goederensporen kon een goederentrein die van Amersfoort kwam deze sporen alleen bereiken door ter hoogte van het derde perron de stroomafnemers te strijken en te trachten met zo groot mogelijke snelheid Utrecht V (het goederenemplacement) te bereiken.
De grote weerstand van kruis Koopman (de diverse wisselstraten vóór het vroegere Buurtstation) opende de mogelijkheid nabij de locloods reeds tot stilstand te komen, desnoods met even remmen. Zonder rijdraad boven de trekkracht stond dan het gehele Utrechtse spoorwegbedrijf urenlang stil. Geen trein kon naar of van Amsterdam en Gouda vertrekken of binnenkomen en zeer moeilijk over enkel spoor naar Amersfoort, Hilversum en Baarn. Had de bestuurder de goederentrein goed neergezet dan waren ook nog de sporen naar de locloods geblokkeerd. Alleen een aan de zuidzijde rangerende 8700 kon deze gestrande goederentrein bij gedeelten weg halen. Maar eerst een uurtje stoom maken want het was zwaar werk dat te wachten stond. Zo saboteerde men in oorlogstijd.
Deze naar Gouda doorgaande goederentreinen konden ook via Blauwkapel — Maliebaan — Lunetten (kop maken) en de personensporen naar Gouda doorrijden zoals thans de olietreinen wel doen. Maar dat had weer andere (geveinsde) bezwaren.
Met de trekkrachtendienst van 12 augustus 1943 waren niet minder dan 53 oude hoofdlijners — van de totaal aanwezige 128 stuks — voor de goederendienst aangewezen. Er deden toen 17 drierijtuigtrekkrachten en 1 tweerijtuigtrekkracht dienst. Deze laatste reed, in combinatie met een drierijtuigtrekkracht, een goederentrein van Haarlem naar Schiedam. De tweerijtuigtrekkracht ging, versterkt met een aantal Cec's, als werkliedentrein van Rotterdam DP naar Hoek van Holland en terug rijden om daarna als voortrein naar Amsterdam CS te vertrekken. Met een lichte goederentrein liep dit stel dan naar Haarlem om vandaar, gecombineerd met een drierijtuigtrein, weer naar Schiedam te gaan.
Ook de drietjes reden in de personendienst naar Hoek van Holland en bovendien maakten zij in deze dienst, als versterking van een Noordhollands treinstel, nog een slag van Alkmaar naar Amsterdam CS en terug.
Toen in de zomer van 1944 de „electrische locomotieven" ook personentreinen gingen rijden — teneinde hiermee tegemoet te komen aan de vele door beschieting vernielde en buiten dienst gestelde stoomlocomotieven — zoals de Duitse D-treinen 111, 112, 137 en 138 van Den Haag SS naar Utrecht en terug, werd de begeleider ook nog de taak opgelegd erop toe te zien dat de weerstanden van de motorrijtuigen niet te warm werden.
De drierijtuigtrekkrachten reden nog als werkliedentrein van Amersfoort naar

E-trekkracht met trein 137 Den Haag SS-Utrecht. (foto de Pater, 27.6.44 Den Haag SS)

Amsterdam CS. Daar de electrificatie van dit baanvak op dat moment nog steeds niet gereed was gekomen, reed deze trein via Utrecht CS naar de hoofdstad van het land.
Ten gevolge van het steeds toenemende tekort aan trekkracht was met de dienst van 17 juli 1944 het aantal drietjes opgevoerd tot 21 stuks (totaal dus 63 rijtuigen of ca. de helft van het beschikbare aantal) ondergebracht in 3 groepen.
Het valt op, dat de trekkrachten meer en meer in de personendienst gingen lopen, hetzij als versterking van de hoofdlijntreinstellen op de baanvakken Amsterdam – Dordrecht en Alkmaar, hetzij als voortrein op deze trajecten, hetzij als werkliedentrein, o.a. van Den Haag HSM naar IJmuiden.
De trekkracht, die in de Hoek van Hollandse personen/werkliedendienst liep, werd nog versterkt met de combinatie mC-ABec en 5 Cec's. Een andere trekkracht, die overeenkomstige treinen reed, werd versterkt met een mCv, 3 Cec's, mC, ABec, Cec. Hiervan maakte het versterkingsgedeelte mCv-3 Cec-mC nog zelfstandig een rit naar Hoek van Holland als werkliedentrein.
Naast hun dagen van periodiek onderhoud en behalve reservediensten en een enkele dag dat zij aangewezen waren voor het rijden van facultatieve aardappeltreinen, reden zij met de zomerdienst van 1944 toch verder de gehele dag treinen van de vaste dienst.
Dit grote aantal trekkrachten maakte, dat alle beschikbare hoofdlijnmotorrijtuigen maar ook de derde klasse tussenrijtuigen, vrijwel constant in gebruik waren. Anders was het met de AB-tussenrijtuigen gesteld. Voor de normale treindienst waren toen 31 AB's nodig terwijl er totaal 57 stuks aanwezig waren. Rekening houdende met een groot percentage defecte rijtuigen, bleven er toch altijd nog een twintigtal over dat o.a. stond opgeborgen aan het opstelterrein Amsterdam Dijksgracht.

Periode 1945-1950

Na de oorlog, toen ook de blokkendozenwereld weer geheel opnieuw moest beginnen, werd de treinsamenstelling gecompliceerder in die zin, dat er meerdere typen stamtreinen kwamen, aanvankelijk in kleine, later in grotere series. Tot november 1945 werd er gereden met de paar tientallen blokkendozen die ter beschikking stonden, waarna er weer meer orde begon te komen.
De eerste blokkendozen reden van Amsterdam naar Overveen. De samenstelling van deze twee benodigde treinstellen was: C 9001 – C 8555 – C 8503 – C 8109 – C 9421 – C 9404 – C 8551 – C 8504 – C 8512 – C 9027 en BD 9128 – C 8528 – C 8526 – C 8519 – C 9008 – C 8588 – AB 8522 – C 9013. Reserve stonden nog BD 9153 – C 9002 – C 9035 – C 9410 – en C 8546.
De rijtuigen derde klasse 9404, 8528 en 8551 met een redelijke zeildoekbekleding deden dienst als tweede klasse. Van het motormaterieel hadden de rijtuigen C 9001, 9008 en 9035 geen compressor.
In de maanden augustus-november 1945 waren nog slechts een paar gedeelten van de oude hoofdlijn geëlectrificeerd: Amsterdam – Haarlem en Leiden – Feijenoord met daarbij nog het korte traject Haarlem – Overveen. Eerst op 19 november 1945 was de hoofdlijn in haar geheel gereed en verlengd tot Zwijndrecht. Er werd een uurdienst gereden van Amsterdam naar Zwijndrecht met daartussen een tweede uurdienst Amsterdam – Rotterdam DP. Dit betekende op laatstgenoemd baanvak een halfuursdienst.
De rijtijd was zeer ruim, 123 minuten over het gehele traject, zomerdienst 1939 90 minuten.
Daarnaast werd er nog een twee-uurdienst Haarlem – Overveen gereden met 's morgens en 's middags een extra slag om er in de forensentijd een uurdienst van te maken met doorgaande treinen naar/van Amsterdam. Deze gehele dienst kon niet met de beschikbare 7 zevenblokkendozentreinen worden gereden. Daarom stonden er nog 5 stroomlijncombinaties van 7 rijtuigen ter beschikking en een stroomlijntweetje voor de Overveense dienst. De blokkendooscombinatie bestond uit mBD-ABec-Cec-mCv-Cec-Cec-mC.
De electrificatie van de Gooilijn in juni 1946 en de groei van het aantal blokkendozen bracht ons de onderstaande 5 samenstellingen waarbij iedere combinatie zo zijn eigen trajecten reed:

1. Amsterdam – Zwijndrecht: 3 stel mC-Cec-Cec-mCv-Cec-ABec-mBD
2. Rotterdam DP – Hoek van Holland: 4 stel mC-Cec-Cec-mBD
3. Haarlem – Zandvoort: 1 stel Ces-mABD
4. Amsterdam – Amersfoort: 5 stel mC-Cec-Cec-mCv-ABec-mBD
5. Amsterdam – Naarden/Bussum, Hilversum en Baarn spitsuurdienst: 5 stel mC-Cec-Cec-mCv-mCv-ABec-ABec-mBD

Er waren geen versterkingsrijtuigen, alleen Rotterdam – Hoek van Holland had voor de spitsuren en de zondagsdienst nog 3 versterkingen van de samenstelling C-mCv ter beschikking. Deze Hoek van Hollandse dienst (stam + versterking) werd vanuit Leidschendam/Voorburg gereden.
De rijtijden op de oude lijn waren weer wat beter geworden, Amsterdam – Zwijndrecht 110 minuten. Tussen Amsterdam – Dordrecht begonnen de blokkendozen nu hun terugtocht; de stroomlijners wonnen daar steeds meer veld.

De her-electrificatie van Noord-Holland in de tweede helft van 1946 maakte dat

het materieel 24 sinds 5 augustus 1946 zijn loop op de oude lijn steeds meer beperkte en er wel erg schraaltjes eindigde. Dat was in de loop van de middag een werkliedentrein van Voorschoten naar Den Haag en als vóórtrein door naar Rotterdam DP. Het stel was als ledig materieel na onderhoud te Leidschendam via Den Haag HSM naar Voorschoten gekomen. De volgende dag in de 3-daagse dienst naar Hoek van Holland.
Een tweede omloop was als ledig materieel van Haarlem via Vogelenzang/Bennebroek naar Heemstede/Aerdenhout. Vandaar als eerste trein om half zes v.m. naar Amsterdam. Het ledige stel moest via Vogelenzang rijden omdat er in Heemstede geen gelegenheid was over te lopen.
De blokkendozen waren in 1927 voorzichtig op de stamlijn van de HSM begonnen, zij eindigden daar voorlopig op 20 december 1946. Hoek van Holland kreeg toen weer stroomlijnmaterieel. Heemstede was reeds 7 oktober vervallen.
In verband met kolenschaarste en energie besparing werden met ingang van 30 december 1946 een aantal electrische treinen tijdelijk opgeheven, speciaal tussen Amsterdam en Haarlem.
De volgende mijlpaal was 4 mei 1947, het begin van de zomerdienst, maar tevens de begindatum van een eerste streven om een starre dienstregeling over het gehele land in te voeren. Er waren nog diverse uitzonderingen, weliswaar om gegronde redenen, maar toch zo dat de algehele starheid net ontbrak.
De blokkendozen waren allemaal weer in de Revisieloods Amsterdam Oostzaanstraat. Er waren nu 3 treinsamenstellingen:

1. mBD-ABec-Cec-Cec-mC	11 stel voor Asd-Amf en Asd-Amr, forensendienst Asd-Hvs-Ut. en Asd-Bm.
2. mBD-Cec-mC	15 stel voor Asd-Hvs-Ut, Hvs-Ut, Ut-Amf, Asd-Amr, Asd-Utg, Hlm-Utg, Hlm-IJm, Hlm-Zvt.
3. mBD-Cec-Cec-mC of mCv	4 stel voor Rtp-Hld.

Dan waren er nog 12 versterkingen van de samenstelling ABec-mCv en 8 losse mCv's.
De dienstregeling verliep volgens onderstaand schema. Het blijkt, dat de rijtijden hier en daar al vrij krap zijn gemeten.

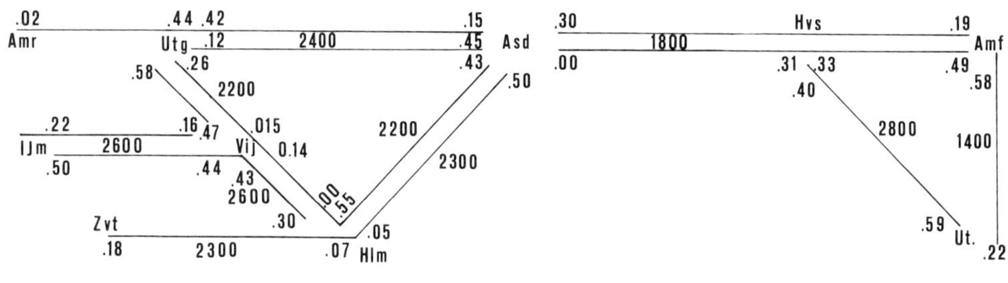

Amf	Amersfoort	Rtp	Rotterdam DP
Amr	Alkmaar	Ut	Utrecht
Asd	Amsterdam CS	Utg	Uitgeest
Bm	Naarden/Bussum	Vij	Velsen/IJmuiden Oost
Hld	Hoek van Holland	IJm	IJmuiden
Hlm	Haarlem	Zvt	Zandvoort
Hvs	Hilversum		

4-rijtuigtrein, in plaats van een mBD of mCD een mC + bestelgoederenwagen. (foto Gerdessen, Amsterdam Revisieloods)

De vertrektijden zijn vanuit Amsterdam gerekend met aan de oostzijde aansluiting op Hvs-Ut en Amf-Ut. Aan de westzijde Asd-Amr, Asd-Hlm-Utg met aansluiting Vij-IJm en Asd-Zvt met daarbij Hlm-Vij-IJm met aansluiting Vij-Utg. De getallen bij de lijnen zijn de series van de treinnummers.
De dienst Amsterdam — Dordrecht inclusief de boottrein naar Hoek van Holland was nu geheel gestroomlijnd. Ook drong de stroomlijn reeds door op de lijnen Asd-Utg, Vij-Utg en Asd-Zvt.
Toch was de blokkendozenomloop nog vrij gecompliceerd. Dit kwam door de vele tussentreinen 's morgens en 's middags. Bovendien werd op de baanvakken met een halfuursdienst deze niet konstant de gehele dag gereden, o.a. Asd-Amf. De minder drukke ochtend- en avonduren boden dan slechts een uurdienst.
De 2-uurs stoptreindienst Zwolle — Utrecht werd tot Amersfoort met stroom uitgevoerd. Daar diende dan te worden overgestapt op de aansluitende electrische dienst Amersfoort — Utrecht. Deze treinen stopten alleen te Bilthoven en liepen buiten de electrische uurdienst om.
Tenslotte schoven zaterdags de forensentijden van 17.00 uur op naar 12.00 uur. Men kende toen nog geen vrije zaterdag.
Met ingang van 7 juli 1947 werden 5 drierijtuigtreinen versterkt tot vijfrijtuigtreinen door toevoeging van een ABec + Cec. Het aantal versterkingsrijtuigen verminderde daarentegen tegelijk met 7 stuks.
De winterdienst 1947 bracht de gestandaardiseerde vierrijtuigtrein materieel 24

Loc 5024 + 8-rijtuigtrein materieel-24 trein 275 Arnhem - Nijmegen. (foto NJvWJ, 28.8.48 Nijmegen)

van de samenstelling mCD-ABec-Cec-mC. Nu was dit een theoretische opzet; er waren voor de blokkendozendienst 33 treinstellen nodig, maar aanwezig amper 20 mCD's. Nu waren er nog 10 mABD's/mBD's aanwezig en 8 à 10 treinstellen reden dan ook in de samenstelling mABD/mBD-Cec-Cec-mC. Men kwam nog 5 treinstellen tekort waarvoor geen rijtuigen met bagageruimte – deze ruimte werd toen nog op prijs gesteld – ter beschikking konden worden gesteld. Er werden toen acht 3-assige houten bestelgoederenwagens voorzien van doorgaande hoofdreservoirleiding en electrische stuurstroomkabels met koppeldozen om in een vierrijtuigtrein te worden geplaatst. Zo ontstond de combinatie: mC-E-ABec-Cec-mCv. Nu niet zo'n gelukkige samenstelling; een houten driepoot tussen stalen rijtuigen die bovendien de doorloop verbrak. Voor deze dienst werden aangewezen E 4109/12/30/38/45/46/50/70. De eerste twee wagens waren de SS ED 157 en 160 van Werkspoor 1916, de resterende uit de serie E 3126-3175 NS van Hawa 1921. Deze wagens werden niet voorzien van electrische verwarming. Zij kregen in 1948 kolenkachels voor verwarming van de conducteursafdeling.
De Hoek van Hollandse dienst, waarin deze houten E-stellen o.a. dienst deden, werd nu weer vanuit de revisieloods Amsterdam gereden. Hiertoe reed een dergelijk stel trein 1075 Amsterdam CS – Rotterdam DP ex onderhoud, trein 1094 Rotterdam DP – Amsterdam CS voor onderhoud. Tenslotte waren er nog 16 versterkingen ABec-mCv. Nieuw was voor de blokkendozen de 2-uurdienst Utrecht – Geldermalsen.
De samenstelling van 28 en 5 stamtreinen met 16 versterkingen was met kleine

schommelingen in 1950 aangegroeid tot 27 en 6 stamtreinen met 21 versterkingen.
Reeds voor het einde van 1947 werd besloten de E in het midden van de trein te plaatsen. De samenstelling werd nu mC-ABec-E-Cec-mCv. Hiermee kregen beide motorrijtuigen één tussenrijtuig te verwarmen en niet het ene rijtuig niets en het andere 2 rijtuigen. Voorwaar een democratische gedachte.
Toen met de zomerdienst 1948 het baanvak Arnhem – Nijmegen nog niet was geher-electrificeerd, werd de zaterdagse blokkendozentrein 275 op dit traject met stoom gereden. Volgens de dienstregeling behoorden DE 3-treinstellen trein 275 te rijden.
In de periode 1947-1950 is de opzet van de dienstregeling gelijk gebleven voorzover deze de blokkendozen betrof. Er zijn slechts in details een aantal verbeteringen aangebracht. Deze zijn:

1. **9.5.48** Amsterdam – Amersfoort de gehele dag een halfuursdienst.
Tevens werden met de zomerdienst 1948 de mC's van de stam omgewisseld met de mCv's van de versterkingen. Deze omwisseling had het voordeel, dat de versterking nu via de vouwbalg kon worden doorverbonden met de stam van de trein. Een dergelijke omwisseling hebben wij met de zomerdienst 1938 ook al eens meegemaakt maar dat was men blijkbaar in mei 1947 weer vergeten.
De blokkendozen maakten nu weer een paar slagen meer Amsterdam – Dordrecht.

2. **25.7.48.** Electrificatie van het baanvak (Utrecht)- Den Dolder – Baarn. De frequentie bleef 60 minuten; de rijtijd werd verkort van 40 tot 30 minuten. Op de oude locaallijn van het Centraalspoor maakten nu ook de blokkendozen hun entree. Zij zouden echter niet meer aan Baarn Buurtstation binnenkomen. Sinds 25 juli 1948 kwamen de Utrechtse treinen via de in oktober 1939 aangelegde verbindingsbaan te Baarn HSM aan. Deze verbindingsbaan opende tevens de mogelijkheid om in het ochtend- en middagspitsuur in beide richtingen een doorgaande trein Utrecht – Baarn – Hilversum – Amsterdam CS te laten rijden (tr. 955, 958, 975, 978).
De dienst werd begonnen met een vierrijtuigblokkendozenstel. Tegelijk met Baarn werd de 2-uurs stoptreindienst Utrecht – Arnhem met materieel 24 gereden. Maar evenmin als in 1926 op de zwakke ZHESM-lijn, voldeden de zware blokkendozen (een C 9400 woog leeg al 64 ton) niet op het bogige en lichte baanvak Soest Zuid (de vroegere stopplaats Nieuwe Weg) – Soestdijk – Baarn. De paar maanden dat Baarn blokkendozen had, waren zij praktisch van Hoek van Holland verdwenen en aldaar vervangen door stroomlijners. Een beperkt aantal treinen werd nog door materieel 24 gereden.

3. **3.10.48.** Reeds de winterdienst 1948 bracht stroomlijnmaterieel op de lijn Utrecht – Baarn. Tegelijk kreeg Hilversum – Utrecht een halfuursdienst en daarmee voor een deel stroomlijners. Ook Utrecht – Arnhem raakte zijn blokkendozen weer kwijt. Deze vrijgekomen rijtuigen gingen nu terug naar Hoek van Holland.
4. **15.5.49.** De uurdienst Amsterdam – Haarlem – Uitgeest doorgetrokken naar Alkmaar. Hiermee kreeg het traject Uitgeest – Alkmaar een halfuursdienst. Een belangrijke verandering was reeds eerder de invoering van de beide blokkendozen-boottreinen naar Hoek van Holland.

4-rijtuigtrein Baarn-Utrecht. (verz. NJvWJ, Soest)

tr. 40-43 aansluiting nachtboot mBD 9173 – ABec 8535 – ABec 8544 – Cec 8554 – mCD 9122,
tr. 41-42 aansluiting dagboot mABD 9803 – ABec 8546 – mC 9030,
reserve mABD 9804, BD 9171, AB 8543.
Speciaal deze rijtuigen waren voor de boottreinen aangewezen omdat alleen dit materieel Engelse opschriftplaatjes had ten gerieve van de Engelse reizigers.

5. **2.10.49.** Met de winterdienst 1949 werd de uurdienst Amsterdam CS – Utrecht – Arnhem het ene uur uitgevoerd met een stroomlijnstel Amsterdam – Utrecht – Maastricht dat te Utrecht aansluiting gaf op een stroomlijnstel Rotterdam Maas/Den Haag SS – Utrecht – Arnhem. Het andere uur reed er een stoomtrein Amsterdam CS – Arnhem. Sommige van deze stoomtreinen werden in de loop van de winterdienst 1949/1950 vervangen door een blokkendozenstel van de samenstelling mC-ABec-mCv-Cec-ABec-mCD.

6. **14.5.50.** Amersfoort – Utrecht halfuursdienst. Om de andere trein stopt te Soestduinen en Den Dolder. Geen direkte aansluiting meer op de 2-uurs stoptrein stoomdienst Zwolle – Amersfoort. Als laatste uitbreiding werd sinds de zomerdienst 1950 de stoptreindienst Amsterdam CS – Nieuwersluis – Arnhem – Nijmegen door blokkendozen gereden waarmee Rotterdam DP – Hoek van Holland weer stroomlijnmaterieel kreeg. De dienst naar Geldermalsen heeft zijn materieel 24 nog steeds behouden.

De na-oorlogse jaren 1950-1959

Periode 1950-1956

Personentreindienst. Van 1950-1956 beleefden de blokkendozen hun tweede jeugd. Zij reden in die jaren een vrij intensieve dienst. Het aantal beschikbare rijtuigen was 202 stuks, maar hiervan werden er reeds in 1950 2 afgevoerd, de CD 9153 en B 8501. Beide rijtuigen waren op 16 juni 1950 nabij Blauwkapel Noord door kortsluiting met een daarop volgende brand ernstig beschadigd. Zij werden niet hersteld maar gingen in november 1950 buiten dienst.
Met de electrificatie van Woerden – Leiden (8.10.50) en Barneveld/Voorthuizen – Ede (20.5.51) begon materieel 24 ook daar te rijden; de omloop naar Leiden soms nog gecombineerd met een enkele dienst naar Geldermalsen.
De electrificatie van de lijn Amersfoort – Apeldoorn (3.1.51) maakte het mogelijk een kleine bijdrage te leveren om de optredende kritieke kolensituatie in Europa op te lossen. Met ingang van 22 januari 1951 diende NS zijn kolenverbruik met 20% te verminderen. Daarom werd de dienstregeling van de stoomtreinen op diverse baanvakken beperkt, op andere gestaakt en vervangen door NS-autobusdiensten. Maar ook een aantal stoomtreinen die onder de draad reden werden vervangen door electrische treinen.
Deze kolenschaarste en de daarmee noodzakelijke energiebesparing maakte het de reiziger van west naar noord en oost niet gemakkelijker. De doorgaande 2-uursdienst met stoomtreinen Amsterdam – Amersfoort – Apeldoorn, benevens de 4 express-treinen op dit traject, werden nu electrisch gereden. Aan deze tijdelijke electrische dienst nam ook materieel 24 deel. De aansluitende stoom- en DE-dienst op het baanvak Rotterdam Maas/Den Haag SS – Gouda – Utrecht – Amersfoort werd vervangen door een electrische stroomlijndienst met de toen nieuwe treinstellen van de serie ElD4 641 – 705. Het was niet meer om en om Utrecht en Amsterdam – Amersfoort naar Zwolle en Apeldoorn. Alle electrische treinen liepen Amsterdam – Apeldoorn en Rotterdam/Den Haag – Amersfoort. Stoomtractie Amersfoort – Zwolle en verder. Op zon- en feestdagen reden de blokkendozen ook diverse treinen van Rotterdam Maas/Den Haag SS naar Amersfoort. Van het westen naar de richtingen Zwolle en Apeldoorn moest steeds te Amersfoort worden overgestapt. In oostelijke richting voor de tweede maal overstappen te Apeldoorn voor zover de Amsterdamse treinen niet door de weinige toen aanwezige electrische locomotieven werden gereden. Dit bleven doorgaande getrokken treinen met loc verwisselen te Apeldoorn. Daar deze electrische treinen volgens stoomtijden reden hadden zij een ruime rijtijd. De electrisch gereden express-treinen (ex DE 3-stellen) stopten nu vanzelfsprekend te Apeldoorn. Zij reden volgens dienstregeling aldaar door.
Gedurende de eerste 3 weken van januari werden de 2-uurssneltreinen electrisch gereden van Utrecht naar Apeldoorn. Dit betekende voor de richting Zwolle

4-rijtuigtrein 2361 Amsterdam-Zandvoort. (foto Albers, 6.6.53 Halfweg)

A 8512 rijdt als B 8512 en doet dienst als derde klasse. (foto NJvWJ, 24.2.52 Amersfoort)

BD 9001 – C 9482 trein 2665 Velsen/IJmuiden Oost-IJmuiden. (foto NJvWJ, 25.6.51 Velsen/IJmuiden Oost)

overstappen te Utrecht en Amersfoort en voor de richting Enschede te Utrecht en Apeldoorn.
Geleidelijk werd de kolensituatie weer beter. Met de zomerdienst 1951 was de kolentoestand in gunstige zin gewijzigd, zodat elke vervanging en beperking kon worden opgeheven. Hiermee was deze kolenslag gewonnen. Afgelopen maanden was één en ander waar mogelijk reeds ten uitvoer gebracht. Materieel 24 is in deze sneltreindienst niet meer teruggekomen.
In deze periode is aan de opzet van de dienstregeling in Noord-Holland en aan die van Amsterdam naar Amersfoort met de aansluiting Hilversum – Utrecht weinig veranderd. Alleen de achteruitgang van het IJmuidense vervoer deed met ingang van 20 mei 1951 de doorgaande uurdienst Haarlem – IJmuiden verdwijnen. Beide halfuurstreinen Haarlem – Velsen/IJmuiden Oost liepen nu door naar Uitgeest waarvan er één bleef doorrijden naar Alkmaar. Aansluitend op deze treinen te Velsen/IJmuiden Oost behield IJmuiden op deze wijze toch zijn halfuursdienst. Deze kon nu met één tweerijtuigtrein worden gereden van de samenstelling mBD+mC. Behalve de enkele nog te rijden forensentrein naar Amsterdam verdwenen met ingang van 18 mei 1952 de blokkendozen uit de IJmuidense dienst. Zij werden toen vervangen door een stroomlijntwee. Wij waren nu net zo ver als vóór mei 1927 toen deze dienst op dezelfde wijze werd geëxploiteerd met immer overstappen te Velsen/IJmuiden Oost uitgezonderd enkele forensentreinen. Alleen ging het toen met stoom en er was geen starre halfuursdienst.
Met betrekking tot de algemene materieelomloop was deze gesplitst in een oostelijke en een westelijke omloop. Overgangen overdag van de ene naar de andere omloop kwamen weinig voor. Dit begon pas meer op gang te komen bij de verdere uitbreiding van het electrische net.
In mei 1952 konden de blokkendozen de stoptreinen van Amsterdam – Amersfoort doorrijden naar Zwolle. Dit eindigde weer met de zomerdienst 1955, daar toen de doorgaande verbinding Alkmaar – Amsterdam – Amersfoort tot stand kwam.

C 9437 spoorwegongeval Amersfoort. (foto NJvWJ, 20.7.52 Amersfoort)

De C 8182 ging in augustus 1952 door een ongeval ter zijde. Dit rijtuig was betrokken bij de treinbotsing te Amersfoort op 17 juli van dat jaar. Als gevolg van dit zelfde ongeval werd in 1953 motorrijtuig C 9437 verbouwd tot tussenrijtuig 8195. Hierbij werden de W-draaistellen vervangen door V-draaistellen met R 6 rollagerpotten.
In september 1952 werd opdracht gegeven de hulpstuurstand op het achterbalkon van de motorrijtuigen geheel te doen vervallen.
De dienst van 2 oktober 1955 bracht de laatste materieel 24 omloop van de toen aanwezige 199 blokkendozen. De ter beschikking staande treinstellen waren de volgenden:

14 stel mCD 9101 – Bec 8531 – Cec –mCv
7 stel mBD 9001/9011 – Bec 8502 – Cec – mCv – Cec – mC
7 stel mCD 9151 – Bec 8502 – Cec – mCv – Cec – mC
1 stel mCD 9101 – Bec 8502 – Ce8c – mCv – Ce8c – mCv
1 stel mCD 9101 – Bec 8502 – Ce8c – mCv
8 versterkingen Bec 8551 – mC
9 versterkingen Cec/Ce8c – mC

Bij de tweede samenstelling (serie B) was de tweede klasse afdeling aangewezen voor derde klasse reizigers. Deze serie reed niet in militaire treinen. Het eenheidstreinstel van 4 rijtuigen had sinds 23 mei 1954 weer afgedaan. Er werd nu verschil gemaakt tussen een Bec ex Bec of ABecm tegenover een Bec ex Aec. Zij hadden een verschil van 14 zitplaatsen. Een jaar later werd er weer verschil gemaakt tussen een mCD 9101 en een mC4D 9151. Hetzelfde gold nu ook voor een Cec tegenover een Ce8c. Het was de bedoeling een mC4D te laten samen lopen met 2 Cec's en een mCD met 2 Ce8c's. Het verschil tussen beide combinaties bedraagt 40 zitplaatsen.
De bestelgoederenwagens waren eveneens met deze winterdienst verdwenen. De aanwezige 33 motorrijtuigen met bagageruimte konden de gevraagde behoefte opvangen.

4-rijtuigtrein + 2 × 2 rijtuigen versterking. (foto Albers)

2 × 2 rijtuigen versterking + 4 rijtuigtrein. (verz. NJvWJ)

Loc 3902 verlofgangerstrein 11103 Roosendaal-'s-Hertogenbosch, getrokken rijtuigen ex materieel-24. (foto Albers, 30.6.56 Vught)

Loc 3916 verlofgangerstrein 11103 Roosendaal-'s-Hertogenbosch, twee 4-rijtuigtreinstellen materieel-24. (foto NJvWJ, 4.8.56 Ravenstein)

Loc 1100 + 10 rijtuigtrein materieel-24 Eindhoven-Utrecht. (foto NJvWJ, 30.7.56 's-Hertogenbosch)

De rijtijden zijn in deze periode weinig veranderd. Sommige baanvakken hoogstens een paar minuten korter, anderen een paar minuten meer. Alleen Amsterdam – Amersfoort werd in beide richtingen met 5 minuten verkort.

Boottreinen. Was er met de winterdienst 1950 nog een dag- en een nachtboot-blokkendozentrein Amsterdam – Hoek van Holland, de gewijzigde dienst van 22 januari 1951 bracht alleen nog maar de aansluitende trein op de nachtboot. Door een gewijzigde dienstregeling werd het 17 mei 1953 mogelijk met één treinstel alle vier de boottreinen te bedienen. Het was toen wel een vierrijtuigtrein zonder restauratierijtuig geworden. Met de winterdienst 1955 was het afgelopen met materieel 24 in de Harwich – Hoek van Holland verbinding.
De British Rail bediende de nachtdienst met de nieuwe motorschepen Arnhem (1947) en Amsterdam (1950). Ook het s.s. Duke of York, dat in 1951 een overhaul had ondergaan, voer in deze dienst. De Stoomvaart Maatschappij Zeeland had voor de dagdienst de beschikking over de motorschepen Koningin Emma en Prinses Beatrix, beide van 1939; de Prinses Beatrix had in 1948 een overhaul gehad. Reserve schepen waren de s.s. Oranje Nassau (1910) en Mecklenburg II (1922).

Werkliedentreinen. Meerdere keren per dag reden de blokkendozen ook als werkliedentrein van Amsterdam naar Zaandam en van Haarlem naar Velsen/Hoogovens en Beverwijk. De treinen naar laatstgenoemd station ten behoeve van de firma Beijnes aldaar.
De vijftiger jaren werden voor materieel 24 het einde van een toch wel druk bezet leven. Zij bleven hun dienst in Noord-Holland rijden maar de verdere uitbreiding van het geëlectrificeerde net maakte het mogelijk dat zij ver buiten hun oorspronkelijke gebied konden komen. Aan de andere kant brokkelde hun aktiviteit af. Reden zij aanvankelijk de gehele dag, meer en meer werden zij alleen nog maar aktief tijdens de ochtend- en middagspitsuren. Dan brachten zij overdag te Amsterdam Amstel, Utrecht Buurtstation, Haarlem of Alkmaar hun tijd in lediggang door, dan kon het stroomlijnmaterieel alleen de dagdienst rijden. Dit verschijnsel zien wij steeds met ouder wordend materieel. Als gevolg van het nu meer rijden van militaire verlofgangerstreinen, meerdere malen als een 10-rij-

2 rijtuigen versterking + 4 rijtuigtrein Alkmaar-Den Helder trein 11409. (foto NJvWJ, 18.7.58 Schagen)

tuigtrein samengesteld uit 2 vieren + versterking, waren zij van vrijdagmiddag tot maandagmorgen weer aktief. Reeds eind veertiger/begin vijftiger jaren reden de blokkendoosstellen met gestreken stroomafnemers als getrokken treinen op verschillende niet geëlectrificeerde baanvakken achter een stoomlocomotief. Toen in de zomer van 1948 Nijmegen – Arnhem en Utrecht – Nieuwersluis – Amsterdam nog niet onder de draad waren gebracht, werd een blokkendozentrein op bedoelde trajekten getrokken maar reed van Arnhem naar Utrecht op eigen kracht.
Het verschoven zaterdagse forensenuur en de drukkere zondagavonddienst waren oorzaak dat in de jaren vijftig de blokkendozen weer enkele ritten Utrecht – Baarn maakten.

Militaire treinen. In 1951 o.a. begonnen met een militaire trein van Amsterdam via Amersfoort – Lunteren naar Arnhem. Spoedig nog een paar relaties en eerst nog facultatief; in 1955 was hun loop uitgegroeid tot Noord- en Zuid-Nederland. Zij reden Amsterdam – Utrecht – Eindhoven – Maastricht, Amsterdam/Rotterdam/Den Haag – Utrecht – Arnhem – Nijmegen, Amsterdam/Utrecht – Meppel – Groningen/Leeuwarden, Haarlem – Rotterdam – Eindhoven, Zwolle – Arnhem. Een paar spectaculaire diensten met relaties die in het gewone verkeer niet voorkwamen, waren:

1. ledig 11109 Utrecht – Maastricht, tr. 11225 Zwolle, ledig 11709 Groningen, tr. 11303 Eindhoven, ledig 11726 Amsterdam in de periode zaterdag t/m maandag.
2. ledig 11539 Amsterdam – Weert, tr. 11107 Groningen, tr. 11204 Arnhem – Utrecht, ledig 11604 Amsterdam in de periode zaterdag – zondag.
3. ledig 11439 Amsterdam – Steenwijk, tr. 11004 Amsterdam op vrijdag.

In deze militaire treindiensten kwamen honderden kilometers ledig materieel voor. Het was nu eenmaal éénrichting verkeer waarvan de heen en terugreis te ver uit elkaar lagen om het materieel ter plaatse meer dan 24 uur te laten staan.

2 × 4 rijtuigtrein 754 Utrecht-Hilversum-Amsterdam. (foto Albers, 13.6.58 Weesp)

Periode 1956-1959

Met de zomerdienst van 1956 begon de achteruitgang van de blokkendozendienst. Waren er met de winterdienst 1955 nog 184 rijtuigen nodig om de gehele omloop te kunnen uitvoeren, met de dienst van 3 juni 1956 was dit getal reeds teruggelopen tot 148. Het waren in eerste instantie en bij uitstek de versterkingsrijtuigen die kwamen te vervallen. In het Gooi liepen in die tijd tijdens de forensendienst dikwijls 2 stam-vieren.
Zo verdween in de komende jaren het gehele electrische blokkendozenpark. Deze rijtuigverminderingen vonden niet alleen plaats met een zomer- of winterdienst, ook vele tussentijdse wijzigingen in de materieel 24 dienst vonden plaats. Ieder in dienst gestelde ElD4 van de serie 711 zag kans om 4 electrische blokkendozen te doen verdwijnen.
Het laatst reden zij van Amsterdam naar Amersfoort en een enkele dienst naar Uitgeest en van Hilversum naar Utrecht. In gelijke tred namen ook hun militaire aktiviteiten af tegen het einde van de vijftiger jaren.
Vooruitlopende op de komst van de motorkonvooiwagens, werden reeds met de winterdienst 1956 de motorrijtuigen mC 9469 en 9474 aangewezen voor het rijden van konvooien van de werkplaats Haarlem naar de werkplaats Tilburg en de revisieloods Leidschendam/Voorburg.

Verbouwing electrische rijtuigen tot getrokken rijtuigen 1956-1960

De jaren 1956-1960 vormen de laatste periode waarin materieel 24 als electrische treinstellen dienst deed. Sinds 1956 schiep de indienststelling van de series ElD4 711 en ElD2 321 de mogelijkheid de blokkendozen als electrische rijtuigen terzijde te stellen. In verband met de dienstuitvoering verliep het aantal nog beschikbare rijtuigen in deze jaren als volgt:

Aanwezig op 31 december:	motor-rijtuigen:	tussen-rijtuigen:
1955	100	99
1956	68	62
1957	37	38
1958	25	24
1959	5	6
1960	–	–

De verbouwing van motorrijtuig tot getrokken rijtuig bracht in verband met een belangrijke gewichtsvermindering – o.a. door het uitnemen van de gehele tractie installatie – diverse constructiewijzigingen met zich mee. Uitgebroken werden de hoofd- en, voor zover nog niet uitgevoerd, de hulpstuurstand en doorgaande stuurstroomleiding.

Met betrekking tot het remwerk kon het hoofdreservoir met de hoofdreservoirleiding worden afgenomen. Het remwerk werd nader aangepast en de remdrukregelaar anders afgesteld in verband met de ca. 20 ton gewichtsvermindering. De draag- en wiegveren van de draaistellen dienden daarom ook te worden gewijzigd. Van het veranderen van de veren werd gebruik gemaakt om tevens de wiegveerhangers te verzwaren. De type-aanduiding van deze gewijzigde draaistellen werd La, Ma, Va en Wa.

Daar de motorrijtuigen geen dynamo hadden, moest ten behoeve van de verlichting een stroombron worden aangebracht. De overbrenging van wielas naar dynamo geschiedde weer met riemaandrijving. Tevens konden nu de frontseinen vervallen. Ten behoeve van de electrische verwarming verviel de „blokkendozen"-verwarmingsdoorvoerleiding. Deze werd vervangen door de internationale doorgaande verwarmingsleiding met koppeldoos, steker en blinde doos. Voor alle rijtuigen van de serie 9451 gold het omgekeerde als uitgevoerd bij de motorposten. Hier werd de gesloten kopwand aan de bestuurderszijde gewijzigd in een doorloopkop met vouwbalg, overloopbrug en de daarbij aangepaste electrische sluitseinen.

Bij het stoot- en trekwerk verviel de evenwichtsinrichting. Voor zover nog niet aangebracht, werden nu ringveerbuffers geplaatst waarbij de bufferbalk werd

mP 3001 – 3003 – 3004 + 13 rijtuigen materieel-24. Proefrit Meppel-Zwolle. (foto Hessels, 9.9.65)

versterkt. De veiligheidskoppeling werd er afgenomen.
Tenslotte werden de blokkendozen als getrokken rijtuig blauw geschilderd met gele biezen aan boven- en onderzijde.
Vooruitlopende op het blauw schilderen van de groene blokkendozen zoals zij sinds 1956 bij de firma Jansen tot getrokken rijtuigen werden verbouwd, kwam aldaar in oktober 1955 de B 8542 na grote herstelling en blauw geschilderd als electrisch tussenrijtuig in dienst, in dat jaar nog gevolgd door B 8506, C 8160 en B 8514. Er zijn dus nog enige jaren blauwe electrische blokkendozen geweest!
Bij de tussenrijtuigen konden de wijzigingen op beperkter schaal worden uitgevoerd omdat zij al min of meer getrokken rijtuigen waren.
Deze verbouwing werd ondertussen doorkruist door de Westeuropese klasseverlaging die 3 juni 1956 zou ingaan. Bij de oude nummers wordt nog over A, B en C rijtuigen gesproken, bij de nieuwe nummers zijn de A en B samen A geworden en C is veranderd in B.
Om het geheel nog ingewikkelder te maken werden de B 8532-8560 verbouwd tot BC rijtuigen oude stijl, AB rijtuigen nieuwe stijl. Hierbij werd de open afdeling van deze rijtuigen met 8 plaatsen per compartiment zonder verdere wijzigingen aangewezen voor derde klasse reizigers. Alleen de in- en uitwendige klasseplaten 2 werden veranderd in 3 (oude stijl) om spoedig daarna te worden gewijzigd in 1 en 2 (nieuwe stijl).
De definitieve beslissing om de nog resterende blokkendozen te verbouwen tot getrokken rijtuigen, viel in september 1955. Deze verbouwing betrof 63 motorrijtuigen en 99 tussenrijtuigen.
Het resterende materieel 24 zou dan tenslotte als volgt worden verbouwd en vernummerd:

Type 8   B 5849. (foto NJvWJ, 14.6.60 Den Haag SS)

Tabel I.

aantal:	type:		oude nummers:	type:	nieuwe nummers:	glij- lagerpotten:	rol- lagerpotten:
20	8	mCv	9401-19/21	28	Bz 5831-5850	M 1/M 2	M 5
16	12	mCv	9422/24-29/31-36/38-40	32	Bz 5851-5866	M 3	M
27	5	mC	9451-60/63-68/70-73/75-81	25	Bz 5801-5823	M 1/M 2	M 5
2	7	Ces	8101-8102	7	Bz 5301-5302	R 2	
4	14	Cesc	8107-8110	14	B 5211-5214	R 2	
27	4	Cec	8121-8147	4	B 5215-5241	R 2	
14	11	Cec	8148-8161	11	B 5701-5714		R 6
8	2	Ce8c	8181/83/84/86-90	2	B 5201-5208	R2	
1	12A	Ce	8195	12A	Bz 5871		R 6
21	23A	Bec	8502-8522	23A	A 5001-5008	R 2	
					A 5501-5512		R 13
11	22	Bec	8532/33/35-38/41-44/46	22	AB 5101-5111	R 2	
2	33	Bec	8547/48	33	AB 5601-5602		R 6
7	30	Bec	8551-53/55-58	30	AB 5611-5617		R 6
2	10	Bec	8559/60	10	AB 5618-5619		R 6

Bij de verbouwing van motor- tot getrokken rijtuig diende zoveel mogelijk materieel te worden gebruikt waarbij de ankeras van de tractiemotoren was opgelegd met glijlagers.
Twee mCv's 9462 en 9482 (type 5) bleven over. Deze motorrijtuigen zouden verbouwd worden tot motormontagewagens. Bij deze verbouwing werden zij ook voorzien van een diesel-aggregaat. Zij konden zich bewegen over grote afstanden

Type 13 B 5752. (foto NJvWJ, 4.8.60 Werkplaats Haarlem)

van het geëlectrificeerde spoorwegnet. Bij montage van nieuwe baanvakken of herstellingen en vernieuwingen van spanningloze bovenleidinggedeelten konden zij zich dan als diesel-electrisch rijtuig voortbewegen. Deze verbouwing is niet ten uitvoer gebracht.
Een toiletinrichting speelde bij deze vernummering geen rol meer. Het was nu het verschil glij- of rollagers, de rijtuigen genummerd resp. beneden of boven de 5500. Daar de verbouwing van glij- in rollagers bij de L-draaistellen – althans theoretisch – niet verder was gekomen dan 24 draaistellen, konden slechts 12 tussenblokkendozen met L-draaistellen, rollagers krijgen. Hiervor werden 12 A's aangewezen (5501-5512). De resterende 8 A's kwamen in de glijlagerserie 5001-5008 terecht.
Ten tijde van de vernummering liepen de L-rollagerdraaistellen onder willekeurige blokkendozen. Deze draaistellen dienden nu eerst te worden omgewisseld met L-glijlagerdraaistellen onder enige A's.
De aanwezigheid van een toiletinrichting werd nu op negatieve wijze in de telegrafische benaming tot uitdrukking gebracht. De rijtuigen die deze inrichting niet hadden, kregen de „z" van zonder achter hun benaming!
De AB 5601-5602 en B 5201-5208 werden in 1959 vernummerd in AB 5751-5752 en B 5351-5358. Enkele van deze rijtuigen hebben het nieuwe nummer nooit gekregen, andere zijn direkt met hun 5351-nummer tot getrokken rijtuig verbouwd.
De 199 rijtuigen van het electrische materieel 24 gingen in de jaren 1956-1960 volgens onderstaande opgave buiten dienst.

1956: 8101/10/24/27-30/33-35/38-40/42/46/47/51/81/83/86/88/95/8510/12/18/19/32/35-37/41/43/44/51/55/56/59/9013/9101/6/16/57/9401-4/6-9/11-14/17/18/31/33/34/38-40/56-58/64/68/76/81.

1957: 8102/8/23/25/26/32/37/45/58/60/90/8502-6/8/14/15/20/38/46/48/60/9012/9102-4/13/14/18/19/21/51/55/56/59/60/9415/22/51/55/60/63/66/69-72/74/77-80/82.
1958: 8109/22/44/49/50/52/54/84/8533/42/52/53/57/58/9001-4/9107-9/52/58/9467/73/75.
1959: 8107/21/31/36/41/43/48/53/56/57/59/61/87/8507/16/17/21/47/9011/9110/11/15/20/9405/10/16/19/21/24-29/32/35/36/65.
1960: 8155/89/8509/11/13/22/9452-54/59/62.

Op vrijdag 29 mei 1959 reden de beide toen nog overgebleven blokkendoostreinstellen: 9429-8189-8511-9416-9436-8121-8522-9424 en 9426-8131-9427-8155-8517-9465 als zodanig hun laatste rit in de forensendienst van Uitgeest en Utrecht Buurtstation via Hilversum naar Amsterdam CS. Reserve aan de lijnwerkplaats Amsterdam stonden nog: 9405-9410-9425-9428-8513.
Op 1 april 1926 reden de eerste blokkendozen in de vaste (electrische) reizigersdienst waarin zij het ruim 33 jaar zeer intensief zouden volhouden.
Gedurende de zomerdienst 1959 werden van de motorrijtuigen nog vier 2-rijtuigtrekkrachten samengesteld aan de lijnwerkplaats Leidschendam/Voorburg (9405 + 9416, 9410 + 9465, 9427 + 9429) en Amsterdam Spaarndammerdijk (C 9425 + 9428). De vrijgekomen tussenrijtuigen gingen met nog eens 13 stuks niet verbouwde electrische rijtuigen in een aantal getrokken treinen rijden, vooral zaterdagse militaire verlofgangerstreinen. Dit betrof de rijtuigen 8107/21/31/36/41/43/48/53/55/56/57/59/61/87/89/8509/11/13/16/17/22.
Behoudens de verbouwing van de typen 8 in 28, 12 in 32 en 5 in 25 werd tabel I uitgevoerd als opgegeven, rekening houdende met het vervallen van C 9422 II en B 8502-8505 als omschreven op de voorgaande bladzijden. De rijtuigen 9405/10/16/21/24-29/32/36/65 van de typen 5, 8 en 12 werden in de jaren 1960-1964 rechtstreeks verbouwd tot dienstwagens waarmee zij vervielen uit tabel I. Aan de vernummering in deze opgave veranderde niets omdat de 5000-nummers van deze 19 getrokken rijtuigen open bleven staan.
De getrokken blokkendozen kwamen als volgt in dienst:

1956: 5006/8/5101/3-5/7/9/10/5201/2/4/6/14/18/21-24/27-29/32-34/36/40/41/5301/5508/9/5611/14/15/18/5704/5806-8/12/19/23/25/31-34/36-39/41-44/47/48/58/60/61/64-66/71.
1957: 5005/5106/11/5208/12/17/19/20/26/31/39/5302/5504/5/10/5602/19/5711/13/5801/5/10/11/15/16/20-22/24/26-28/30/45/51 II.
1958: 5102/8/5203/13/16/38/5612/13/16/17/5702/3/5/7/5814/17/18/
1959: 5211/15/25/30/35/37/5355/5501/6/7/11/5601/5701/6/9/10/12/14/5849/62.
1960: 5007/5357/5502/3/12/5708.

Hiervan zijn de 5508, 5613 en 5616 niet aan de blauwe kleur toegekomen, zij zijn tot hun buiten dienst stelling groen gebleven.
Bij deze verbouwing bleek, in tegenstelling tot de opzet, dat in 1960 voor A 5503 geen L-rollagerdraaistellen beschikbaar waren. Daarom werd de 5503 kort daarna vernummerd met het inmiddels vrijgekomen nummer 5004 II. Geen rollagers, dan geen A maar B 5004.
In 1960 werden ook nog de A 5005-5008, zonder enige verdere verbouwing, aangewezen voor tweede klasse met de nummers B 5005-5008 waarbij de A 8511 direkt B 5007 is geworden.

Loc 52 HTM – 5214 – 5216 – 5235 – 5613. (foto NJvWJ, 16.12.67 Den Haag Conradkade)

In getrokken status waren deze rijtuigen toch geen lang leven beschoren. Vóórdat in 1960 de laatste getrokken blokkendozen in dienst kwamen, was de 5220 al weer buiten dienst, weliswaar als gevolg van ernstige beschadiging bij een spoorwegongeval te Arnhem.
Toen in december 1967 de eerste „buitenenesselijke" stoomritten in het Westland plaatsvonden met loc 18 van de Gooise Stoomtram, de 30 van de Gasfabriek Rotterdam en de 459 van de NS, waren de getrokken rijtuigen resp. 5613 + 5235, 5216 + 5214 en 5233 + 5231.
De verbouwing tot getrokken rijtuigen werd voornamelijk uitgevoerd door de firma Jansen te Bergen op Zoom. Niettemin verbouwde de werkplaats Tilburg ook nog 50 rijtuigen. Daarnaast heeft de werkplaats Haarlem 7 en de firma Mulder te Boskoop 3 rijtuigen in verbouwing genomen. Het laatste rijtuig, de B 8522, kwam in 1960 in behandeling aan de hoofdwerkplaats Haarlem.
De getrokken blokkendozen kwamen niet meer in aanmerking voor nieuwe nummers.

Verbouwing electrische rijtuigen tot dienstmaterieel en motorposten 1952-1960

De BD 9105, die sinds 1945 weer in dienst was, had op 19 februari 1948 te Utrecht Buurtstation ernstige brandschade in zijn tractiemotoren opgelopen. Het rijtuig werd toen gelijkgeschakeld met de 14 beschadigde oorlogsslachtoffers uit Duitsland.

Einde 1950 werden de 15 Budelse rijtuigen nog van de nieuwe nummers voorzien maar aan herbouw voor de personendienst zijn zij niet meer toegekomen. In december 1951 werd besloten 2 motorrijtuigen te gebruiken als trekkracht voor het vervoer van konvooiwagens van de hoofdwerkplaats Haarlem naar de lijnwerkplaatsen Zwolle, Eindhoven en Maastricht. Voor de lijnwerkplaats Leidschendam/Voorburg was reeds de laatst overgebleven ZHE-er aangewezen. Twee tussenrijtuigen zouden worden ingericht tot meetwagen. De resterende 11 rijtuigen zouden worden gesloopt. Ook dit plan ging spoedig niet door. De blokkendozen waren toch te goed voor de sloop. Gegeven de in die tijd vele te electrificeren lijnen zouden er montagewagens voor de electrische tractie en werkwagens voor Weg en Werken van worden gemaakt. De 4 slechtste rijtuigen gingen in januari 1952 buiten dienst waarvan de B 8545 en 8554 werden gesloopt. De beide andere rijtuigen werden als woning ingericht. C 8185 werd woning te Nuenen voor een Eindhovense leerling-machinist. Een paar jaar later verdween dit rijtuig naar het woonwagenkamp te Geldrop. C 9420 ging als woning naar Nijkerk en staat daar nog steeds. Circa 25 jaar heeft er een zelfde gezin in gewoond, thans is het een schaftkeet geworden. In augustus 1952 werd begonnen de grote Werkspoor-order op Argentijnse rijtuigen te verschepen. Hiertoe werden steeds een aantal van deze breedspoor rijtuigen op inmiddels vrijgekomen L-blokkendoos-draaistellen van Werkspoor Utrecht naar Rotterdam Lekhaven als extra trein vervoerd. De eigen 5' 6" (1676 mm) spoorbreedte draaistellen werden afzonderlijk naar Rotterdam verzonden.

De tussenrijtuigen B 8531/34/39/40 en motorrijtuig C 9430 werden in 1953 bij het Spoorweg Bouw Bedrijf (SpBB) te Maarssen ingericht tot montagewagens 157 876-880 en de CD 9105/12/17/54/C 9461 in het zelfde jaar tot werkwagens 177 104-108. Deze 5 werkwagens werden echter aan de wagenwerkplaats te Amersfoort verbouwd. Tenslotte werd de C 9423 in 1955 aan de werkplaats Haarlem ingericht tot instructierijtuig 159 011 voor tractie. De L-draaistellen van B 8531/34/39/40 werden bij deze verbouwing vervangen door T-draaistellen met R 7 glijlagerpotten van buiten dienst gestelde rijtuigen van de series AB 7521-7555 en C 7151-7160. Bij de L-draaistellen was het remwerk (tripleklep, hulpreservoir, remcilinder en remwerkstangen) opgehangen aan het onderstel. Hierdoor was het niet mogelijk de stellage voor het opbergen van montageladders onder het midden van de bak aan te brengen. De T-draaistellen hebben ingebouwd remwerk, waardoor het mogelijk werd het onderstel vrij te maken van

C 9420 als woning.
(foto NJvWJ, 31.8.52 Nijkerk)

C 9420 als woning.
(foto NJvWJ, 30.4.69 Nijkerk)

de diverse remwerkonderdelen. Nu konden de ladders aan het onderstel worden opgehangen.
Aanvankelijk zouden de B 8534 en 8539 als eerst gereedgekomen montagewagens in 1952 de nummers 157 801 en 802 hebben gedragen. Reeds in 1953 werd begonnen de 157 876-880 te vernummeren in resp. 165 074/72/73/71/75. Ook de 177 104-108 werden in dezelfde periode vernummerd in 177 107-111. De nieuwe werkwagens behielden deze nummers evenmin lange tijd. Sinds 1958 werden zij wederom vernummerd, nu in 180 153-157.
In maart 1952 kwamen de vermiste en reeds afgeschreven rijtuigen AB 8531 en 8556 uit Duitsland terug in de werkplaats Haarlem. Zij waren echter dermate slecht dat zij in april 1952 ten tweede male buiten dienst werden gesteld.
Behoudens bovengenoemde mutaties, heeft materieel 24 de dienst nog zes jaar weten vol te houden, maar in 1956 begon toch de neergang. In de zomer van 1955 kwam het plan aan de orde om het materieel 24 te verbouwen tot getrokken rijtuigen met dien verstande dat 35 motorrijtuigen behouden dienden te blijven. Hiervoor werden aangewezen de 7 BD's + 26 CD's. De 2 nog ontbrekende motorrijtuigen zouden dan worden geleverd door de serie C 9451-9482.
Van deze motorrijtuigen zouden er 30 stuks worden vebouwd tot motorpostrijtuigen en 5 tot motorkonvooiwagens, een en ander volgens onderstaand plan:

Tabel II.

aantal:	type:	oude nummers:		type:	nieuwe nummers:	glij- lagerpotten:	rol-	draai- stel:
18	1	mCD	9101-4/6-11/13-16/18-21	15	mP 9201-18	M 1/M 2	M 5	M
8	9	mCD	9151/52/55-60	16	mP 9221-28	M 3	M	W
4	6	mBD	9001-4	17	mP 9231-34	M 1/M2	M 5	M
3	1	mBD	9011-13	–	mK 9311-13	M 1/M 2	M 5	M
2	5	mC	9469/74	–	mK 9301-2	M 1/M 2	M 5	M

Type 15 *mP 9201. (foto NS, 10.56)*

Type 16 *mP 9224. (foto NJvWJ, 28.7.58 Utrecht)*

Type 17 mP 9234. (foto NJvWJ, 24.6.58 Utrecht)

C 9469 trein 4672 Den Haag SS-Utrecht. (foto NJvWJ, 18.1.56 Utrecht)

3
3

2
2

2
2

De M 2 potten werden geplaatst aan de snelheidsmeterpot. Bij de mBD's/mCD's diende aan één zijde en bij de mC 9469/9474 aan beide zijden de open vouwbalg kopwand te worden gewijzigd in een gesloten wand met hoofdstuurstand, front- en sluitseinen als aan de zijde van de bestaande hoofdstuurstand. Waar sinds 1942 nog niet uitgevoerd, werd bij de mP's de tandwieloverbrenging motoras: wielas veranderd van 23 : 60 in 27 : 56.
De mP's en mK's kwamen bruin geschilderd in dienst.
De 15 Budelse rijtuigen komen aan de linkerzijde van tabel I niet meer voor. Zij waren in de jaren 1952/1953 uit de personendienst afgeschreven. De verbouwing tot motorposten en motorkonvooiwagens en daarmee die tot getrokken rijtuigen is niet conform de betreffende tabellen verlopen. Het begon met de meerdere behoefte aan montagewagens. De vervanging van oudere en kleinere 2-assers deed het aantal getrokken rijtuigen aanstonds met 5 verminderen. Het werden nu 23 rijtuigen B 5801-23 en 20 rijtuigen A 5001-8, 5501-12. Vervallen waren C 9466/68/70/79 en B 8508. Deze 5 rijtuigen waren bestemd voor een tweede serie van 5 montagewagens 165 076-080. Eerder zou B 8508 verbouwd zijn geworden tot railslijpwagen 178 171^{I}. Daarom was voor deze B geen nummer in de serie A 5000 gereserveerd. Toen B 8508 overging naar de montagewagens werd de overgebleven C 9462 aangewezen voor slijpwagen. Maar ook dit rijtuig bleek hiervoor niet goed genoeg. Via C 9427 werd tenslotte C 9422^{II} (op papier Bz 5851^{I}) voor dit doel bestemd.
Tenslotte werd besloten om niet de aangewezen 9451ers tot montagewagens 165 076-079 te verbouwen, maar de B 8502-8505. Hiermee vervielen de nieuwe A 5001-5004. Door al deze verschuivingen werden de C 9466/68/70/79 en de overgebleven C 9482/62 toch weer aangewezen tot getrokken rijtuigen B 5824-5829.
De montagewagen 165 078 kwam in dienst onder de naam Juliette. Deze wagen is op het dak voorzien van een stroomafnemer met schraapsleepstuk om de rijdraad schoon te kunnen schrapen. Met het opzetten van de stroomafnemer kan men ook de juiste ophanging van de rijdraad controleren. Een uitkijkkoepel met televisiescherm maakt het mogelijk een en ander in de wagen gade te slaan.
De B 8502-5, 8 en C 9422^{II} gingen in 1957 buiten dienst. Zij kwamen eind 1957/begin 1958 als montagewagen, resp. slijpwagen weer in dienst. Deze 6 blokkendozen waren aan de werkplaats te Tilburg verbouwd. Alleen de slijpinstallatie van de 178 171 werd door de firma Schweizer te Lausanne geleverd en daar ter plaatse in de slijpwagen aangebracht. Begin 1958 waren er 17 blokkendozen verbouwd tot dienstwagen.
Omdat de ophanging van de montageladder aan het onderstel sindsdien was vervallen, behoefde bij deze 5 montagewagens het remwerk onder de bak niet te worden verwijderd. Daarom was ook geen draaistelverwisseling nodig.

C 9474 op hulpdraaistellen. (verz. NJvWJ, werkplaats Haarlem)

Type 5 B 5827. (foto Donselaar, 23.7.66 Hilversum)

C 9426^{II} als conversatierijtuig in Weg en Werken-trein. (foto NJvWJ, 27.8.60 Bleiswijk/Kruisweg)

Motorpostrijtuigen

De verbouwing tot motorposten en motorkonvooiwagens is geheel anders gelopen dan in tabel II voorgesteld. In eerste instantie werden er 20 in plaats van 30 motorposten ingericht. Was het aanvankelijk de bedoeling om bij de verbouwing van een mC 9451 tot een Bz 5801 de gesloten kopwand aan de hoofdstuurstand te wijzigen in een doorloopkop, de wijze van uitvoering zou een geheel andere worden. Immers de motorposten dienden 2 gesloten koppen met ieder een hoofdstuurstand te krijgen. Door nu een mC 9451 en een CD 9101/BD 9011 of BD 9001 of CD 9151 in tegengestelde richting naast elkaar te plaatsen, kon men dit doel bereiken door van een CD 9101 c.s. de kopwand van het achterbalkon om te wisselen met de kopwand van het voorbalkon van een C 9451. De BD/CD rijtuigen moesten na het uitbreken van de passagiersaccommodatie nog worden voorzien van: 2 dubbele schuifdeuren per zijwand (totaal dus 3), 1 afdeling voor 2 postconducteurs, 1 toiletinrichting en enige schappen langs de zijwand.

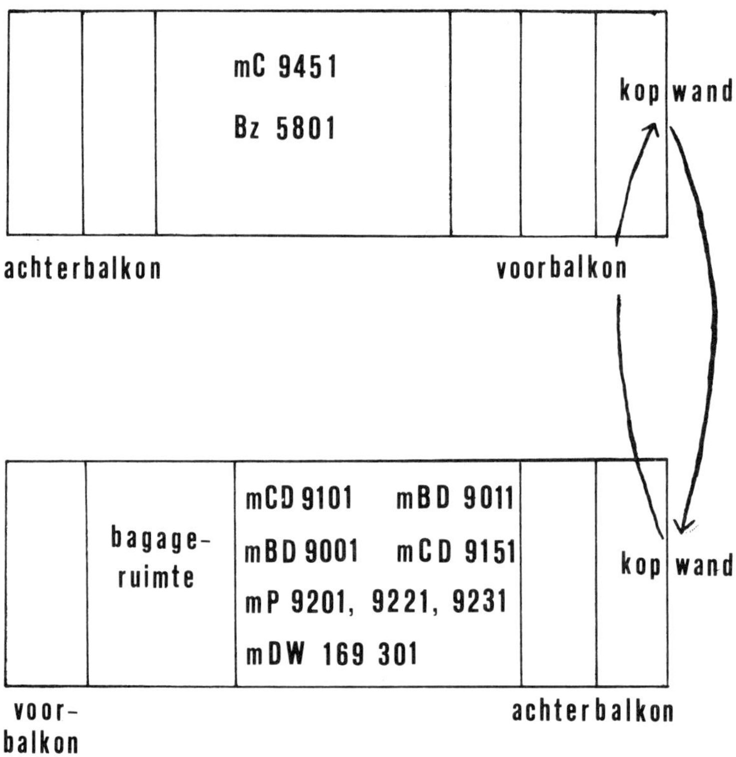

mP 9223-meetrijtuig SNCF-mP 9221. (foto NJvWJ, 8.4.57 Utrecht)

Daar de plaatsing van de bestaande schuifdeuren en ook de verdere raamindeling bij de series CD 9101/BD 9011, CD 9151 en BD 9001 verschillend is, ontstonden 3 series motorposten, resp. mP 9201-9210, 9221-9226, 9231-9234, aan de buitenzijde direkt herkenbaar.
De 5 motorkonvooiwagens stelden minder eisen. Alleen een overeenkomstige kopwandwisseling maar verder een leeg interieur. De verbouwing tot 20 motorposten en 5 motorkonvooiwagens geschiedde volgens onderstaande opgave.

Verbouwing tot mP en mK

kopwand vóór balkon	omgewisseld met	kopwand achter balkon	wordt resp.	Bz	en	mP/mK	in dienst
9456		9116		5806		9201	1956
9458		9101		5808		9202	1956
9464		9013		5812		9203	1956
9481		9157		5823		9222	1957
9476		9106		5819		9204	1957
9468		9151		5825		9221	1957
9457		9156		5807		9223	1957
9480		9159		5822		9224	1957
9466		9121		5824		9205	1957
9451		9119		5801		9206	1957
9455		9103		5805		9207	1957
9479		9102		5827		9208	1957
9477		9104		5820		9209	1957
9469		9114		5830		9210	1957
9460		9113		5810		9301	1957

mP 9210 (foto NJvWJ, 20.8.59 Alkmaar rangeer)

mP 9204 – P 7922. (foto NJvWJ, 2.10.59 Haarlem)

3mP 9200 (foto Albers, 17.10.62 Duivendrecht)

kopwand vóór balkon	omgewisseld met	kopwand achter balkon	wordt resp.	Bz	en	mP/mK	in dienst
9474		9012		5851^{II}		9302	1957
9482		9118		5828		9303	1957
9478		9155		5821		169 304	1957
9471		9160		5815		169 305	1957
9470		9004		5826		9231	1958
9463		9003		5811		9232	1958
9472		9002		5816		9233	1958
9475		9001		5818		9234	1958
9467		9158		5814		9225	1958
9473		9152		5817		9226	1958

Voor de te verbouwen 25 mP's en mDW's waren slechts 25 mC's en een gelijk aantal mBD's/mCD's nodig. Daarom zijn van de 31 rijtuigen 5801-5830, 5851^{II} de 5802-5804, 5809, 5813 en 5829 er nooit gekomen. Zij bleven bestaan als 9452-9454, 9459, 9465, 9462. Evenzo bleven van de 33 BD's en CD's er 8 over, de BD 9011 en CD 9107-9111, 9115, 9120. In 1956 waren deze rijtuigen verletterd in mAD, resp mBD.
Omdat de mC 9469 en 9474 nu niet meer speciaal bestemd waren voor mDW's, werden ook zij verbouwd tot getrokken rijtuigen. In hun nummerserie 5801-5830 was er alleen nog maar het nummer 5830 beschikbaar. Gelukkig was het nummer 5851 vrijgekomen. Dit was het eerste nummer van de serie 5851-5866 en het werd nu het laatste nummer van de serie 5831-5851. Dit was niet zo bezwaarlijk want een verbouwde 9451 (5801) is praktisch gelijk aan een vernummerde 9401 (5831). Dus werden mC 9469 en mC 9474 vernummerd in Bz 5830 en Bz 5851^{II}.
De verbouwing tot motorposten en motorkonvooiwagens werd geheel uitgevoerd door de firma Jansen te Bergen op Zoom. De mP's en mK's kwamen in dienst met de zwaardere Heemaf TM 8-motoren van 1948, eventueel 1931. Hierbij was de ankeras opgelegd met rollagers. Ter onderscheiding met de glijlager-motorassen, kregen de rollager-motorassen een rode streep op de potten.

Motorkonvooiwagens

De eerste 3 motorkonvooiwagens kwamen in dienst als mK 9301-9303, daarna werd de nummering gewijzigd in mDW 169 301-305, beter passend bij het dienstmaterieel
In de loop van 1957 stelde de Dienst van Vervoer voor om de 8 overgebleven mAD's/mBD's te verbouwen tot getrokken BDz's met aan beide zijden een vouwbalg. Dit plan was voor 5 rijtuigen te verwezenlijken door een soortgelijke kopwandwisseling toe te passen als bij de motorposten. Immers, er moesten 5 mP's bijkomen. Daar konden geen nog beschikbare mC 9451ers voor worden gebruikt. Zij hadden geen bagageruimte met reeds 1 stel dubbele deuren in de zijwand. Door nu van de bestaande mDW's 169 301-305 (ex mBD's) die wel beschikten over deze outillage, mP's te maken en de 9451ers te verbouwen tot motorkonvooiwagens 169 306-310 kon het doel beter worden bereikt.
De 169 301-305 werden in 1959/1960 bij de firma Jansen te Bergen op Zoom verbouwd en vernummerd in mP 9211-9213, 9227, 9228, beide series overeenkomstig de reeds bestaande mP's.
De 5 mAD/mBD rijtuigen wisselden nu hun vóórbalkon-kopwand om met de achterbalkon-kopwand van een mB 9451.

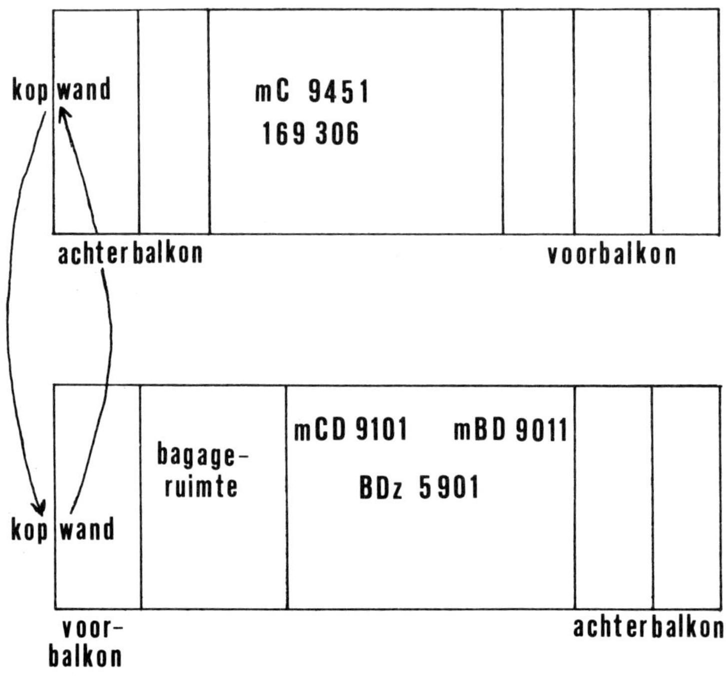

Type 1 BD 5906. (foto NJvWJ, 5.10.61 werkplaats Haarlem)

Dit geschiedde als volgt:

kopwand vóór balkon	omgewisseld met	kopwand achter balkon	wordt resp.	BDz	in dienst	en mDW	in dienst
9111		9452		5906	1.59	169 306	1960
9120		9453		5908	2.59	169 307	1960
9110		9459		5905	3.59	169 309	1960
9011		9454		5901	5.59	169 308	1960
9115		9462		5907	6.59	169 310	1960

De 6e mB, de 9465, was reeds verbouwd tot dienstwagen 167 005. Reeds eerder was een vouwbalg-kopwand gevonden voor de te verbouwen BD 9107-9109. Hiervoor werden in 1958 de koppen van de in 1959 buiten dienst gestelde B 9421 en 9432 gebruikt. Deze rijtuigen werden in 1960 tot werkwagens 180 170 en 171 verbouwd. Deze kopwandverwisseling geschiedde als volgt:

	in dienst
achterbalkon 9432 wordt vóórbalkon 9109, vernummerd in BDz 5904	8.58
vóórbalkon 9432 wordt vóórbalkon 9108, vernummerd in BDz 5903	10.58
achterbalkon 9421 wordt vóórbalkon 9107, vernummerd in BDz 5902	12.58

De BDz 5901-5908 werden aan de werkplaats te Tilburg verbouwd. Na verwisseling van de kopwanden te Tilburg, werden de 169 306-310 verder afgebouwd in Bergen op Zoom. In 1967 kregen zij nog de theoretische nummers 3084 9782 800-1/801-9/802-7/803-5/804-3; in het zelfde jaar werd de gehele serie als 169 306-310 terzijde gesteld. De 306 en 310 kwamen in 1968 weer in dienst als wegleer-rijtuig voor machinisten, de 309 verhuisde in 1969 naar Eext.

Al deze willekeurige kopwandwisselingen hebben wel tot gevolg gehad, dat er enige rijtuigen ontstonden met verschillende vouwbalgophanging aan de beide koppen. Aan de ene zijde de klassieke, aan de andere zijde de Hongaarse. Dit betrof 5806/7/12/14/15/17/21-23/25/5903/4.

Verbouwing getrokken rijtuigen tot dienstmaterieel

Ook werd in 1960 begonnen reeds verbouwde getrokken rijtuigen wederom te verbouwen, nu tot dienstwagens. Een en ander moge blijken uit onderstaande opgave.

oud nummer	verbouwd	nummer dienstwagen	in dienst	opmerkingen
B 5831	werkplaats Tilburg	165 081	1960	
B 5837	werkplaats Tilburg	165 082	1960	
B 5824	Jansen, Bergen op Zoom	180 167	1960	
B 5825	Jansen, Bergen op Zoom	180 168	1960	
B 5826	Jansen, Bergen op Zoom	180 169	1960	
B 9421	Jansen, Bergen op Zoom	180 170	1960	
B 9432	Jansen, Bergen op Zoom	180 171	1960	
B 9465	Jansen, Bergen op Zoom	167 005	1961	
B 9405	Jansen, Bergen op Zoom	177 172	1960	
B 9410	Jansen, Bergen op Zoom	165 083	1961	
B 9416	Jansen, Bergen op Zoom	177 173	1960	
C 9424^{II}	werkplaats Haarlem/SNCF	C 9424	1961	ORE Parijs
B 9425	Jansen, Bergen op Zoom	165 084	1961	
B 9426	SpBB, Maarssen	177 175	1960	
B 9427	SpBB, Maarssen	177 169	1964	
B 9428	SpBB, Maarssen	177 170	1961	
B 9429	SpBB, Maarssen	177 171	1964	
B 9436	SpBB, Maarssen	177 168	1962	
B 5752	Jansen, Bergen op Zoom	159 013	1962	
B 5301	Jansen, Bergen op Zoom	177 174	1960	
B 5807	Jansen, Bergen op Zoom	270 493	1964	
B 5815	Jansen, Bergen op Zoom	180 172	1963	
B 5858	–	177 186^{II}	1963	
B 5816	Jansen, Bergen op Zoom	180 174	1963	
B 5817	Jansen, Bergen op Zoom	270 114	1963	
B 5818	Jansen, Bergen op Zoom	270 115	1963	
B 5821	werkplaats Haarlem	177 186^{I}	1962	
B 5832	Jansen, Bergen op Zoom	180 173	1963	
B 5836	Jansen, Bergen op Zoom	159 014	1963	
B 5847	Jansen, Bergen op Zoom	159 015	1963	
B 5871	–	177 187	1963	

181 201 – 181 205 – 181 204. (foto NJvWJ, 8.11.69 Botlek)

oud nummer	verbouwd	nummer dienstwagen	in dienst	opmerkingen
BD 5907	werkplaats Tilburg	167 007	1966	
BD 5903	werkplaats Tilburg	167 006	1964	
B 5834	Jansen, Bergen op Zoom	159 051	1967	
BD 5902	Jansen, Bergen op Zoom	159 016	1966	
BD 5901	Jansen, Bergen op Zoom	159 017	1965	
BD 5905	Jansen, Bergen op Zoom	159 018	1966	
B 5860	werkplaats Haarlem/SpBB	177 191	1964	
B 5865	werkplaats Haarlem	177 192	1964	
B 5007	–	181 203	1964	
B 5808	–	181 204	1964	
B 5823	–	181 205	1964	
B 5833	Jansen, Bergen op Zoom	270 117	1965	
B 5844	Jansen, Bergen op Zoom	270 119	1965	
B 5851^{II}	–	181 202	1964	
B 5861	–	181 201	1964	
B 5801	Jansen, Bergen op Zoom	270 120	1966	
B 5806	Jansen, Bergen op Zoom	270 121	1966	
B 5810	Jansen, Bergen op Zoom	270 122	1966	
B 5814	Jansen, Bergen op Zoom	178 166	1965	
B 5828	Jansen, Bergen op Zoom	270 116	1965	
B 5848	Jansen, Bergen op Zoom	270 123	1966	
B 5862	Jansen, Bergen op Zoom	270 118	1966	

De vernummering van B 5821 in 177 186 was een misverstand. Een jaar later werd deze 177 186^{I} weer teruggenummerd in B 5821 en gesloopt. De juiste B 5858 werd nu vernummerd in 177 186^{II}. Met de 177 187 was de 186^{II} aangewezen voor hulpmeetrijtuig.
In april 1964 kwam de firma Philips te Eindhoven met een tentoonstellingstrein op de lijn. Deze rijdende expositie was samengesteld uit 5 blokkendozen ex

mP 3004 – 5358 – 5227 – 5238. (foto NJvWJ, 23.5.68 Castricum)

Foto's rechter pagina:
Loc 18 GS – loc 30 – 5238 – 5227 – 5358. (foto NJvWJ, 23.5.68 Zwaag)
mP 9224 spoorwegongeval Feijenoord. (verz. NJvWJ, 6.61)
Locomotor 346-5235. (foto NJvWJ, 28.9.68 Wageningen)
Loc 2400 + B 5233. (verz. NJvWJ, 27.3.71 Hoedekenskerke)

getrokken rijtuigen. Zij werden genummerd 181 201-205. De trein was bedoeld om te worden betreden door Philips dealers, niet door het gewone publiek. Een kleine 30 Nederlandse stations werden ermee bezocht. De trein was voorzien van een eigen diesel-aggregaat waarmee de stroomvoorziening kon worden verzorgd. De 201, 202, 204, 205 toonden een uitgebreide collectie radio- en TV-toestellen, huishoudelijke apparaten en verlichtingsartikelen. Het middelste rijtuig, de oude A 8511 met afneembare baldekijn, was ontvangstrijtuig.
Na dit tentoonstellingsgebeuren werd de 203 (ex A 8511) in 1965 buiten dienst gesteld. Niettemin stond de 203 in het voorjaar van 1966 met een niet duidelijke bestemming te Delft. De andere 4 rijtuigen kregen de internationale nummering waarna de 202 als instructierijtuig naar personeelszaken verhuisde. De resterende 201, 204 en 205 zwierven uit, in de komende jaren vinden wij hen terug als kantoor resp. te Elst, 's-Hertogenbosch en Heerlen. De 205 stond daar onder de naam Ponderosa. Maar in 1969 vonden zij elkaar weer. Van november 1970-1973 deden zij dienst als station Botlek. Van daar uit werd het Europoortgebied door middel van radio-telefonische baanvakleiding beveiligd. Het genoemde gebied met zijn vele industrieën en raccordementen liep tot aan het stenenemplacement van Rijkswaterstaat in de Maasvlakte.
Toen in 1965 de 178 166 als sproeiwagen in de onkruidverdelgingstrein werd geplaatst, zijn van dit rijtuig de Ma-draaistellen vervangen door de beide draaistellen van het Zwitserse type ex inspectierijtuig 11, ex omBC 2907.

EXPORT-MOUTERIJ NEDERLAND

Loc 011 062-7 DB-5704 — 5233 — 5843 — 5351 — 5235 — 5215 — 5839 — 5239 — 5712 — 5231 — 5827 — 5708 — 6005 trein 16357 Amsterdam Amstel-Rotterdam CS. (verz. NJvWJ, 11.9.71 Breukelen)

5827 (foto NJvWJ, 22.9.73 Utrecht)

5241 — 5240 — 5358. (foto NJvWJ, 8.12.73 Heerlen)

Buitendienststelling getrokken rijtuigen en motorposten

De terzijdestelling van de getrokken rijtuigen kunnen wij in 2 perioden verdelen: 1960-1968 en 1971-1979. In het eerste tijdvak gingen buiten dienst:

1960	5220
1961	5805/11, 9224
1962	5008, 5511/12, 5710, 5821/30, 5904
1963	5109, 5204/6/24/28, 5601/11/14/18, 5819/20/22/38/42/49/64/66, 5906/8
1965	5004, 5103/7/8/11, 5230/36, 5353, 5714
1966	5005, 5101, 5302, 5845, 9202/3/6-11/21-23/26-28/31/32/34
1967	5006, 5104/6, 5219/23/29/32/34/37, 5506/7, 5612/13, 5701/13, 169 307-309
1968	5102/5/10, 5238, 5501/2/4/8/10, 5615-17/19, 5703

mP 9224 was als trein 4631 betrokken bij de botsing met trein 4034 te Feijenoord op 2 juni 1961.
B 5710 was betrokken bij het spoorwegongeval te Harmelen op 8 januari 1962.
mP 9227 was als trein 87804 betrokken bij de botsing met een stootjuk te Sittard op 10 mei 1966.
De in 1968 overgebleven getrokken blokkendozen 5211-18/21/22/25-27/31/33/35/39-41/5351/52/57/58/5508/5702/4-9/11/12/5812/27/39/41/43 kregen in de jaren 1967 en 1968 voor het laatst nog een beperkte grote herstelling in de werkplaats Haarlem, maar de revisie van het houten dak werd door de werkplaats Amersfoort uitgevoerd. De rijtuigen met stalen dak konden deze gang overslaan. Uit deze verzameling rijtuigen werd in 1971 de 40-jarige NVBS-feesttrein samengesteld, op 11 september gereden door de 011 062-7 DB. De blokkendozensamenstelling van deze trein was 5708-5827-5231-5712-5239-5839-5215-5235-5351-5843-5233-5704.
Uit het in 1968 gereviseerde materieel werd in 1972/73 een historisch bestand samengesteld. Dit betrof de rijtuigen 5211/12/15/17/18/31/39-41/5351/52/57/58. Een joelend carnavalsfeest deed de in november 1968 buiten dienst gestelde 5508 begin 1970 via 's-Hertogenbosch in Roosendaal belanden. Het rijtuig heeft aldaar enige jaren gestaan ten behoeve van de bedrijfszelfbescherming. Daarna ging de 5508 in 1973 naar Heerlen om aldaar met de 5212/15/17/18/31/40/41/5357/58 te worden opgeborgen. Het verkeren in een dergelijk „historisch" gezelschap deed deze enige nog groene blokkendoos in januari 1974 bij het historisch bestand terechtkomen. De slechte toestand van de 5508 was echter aanleiding om dit rijtuig in november 1974 wederom buiten dienst te stellen.

Blokkendozen in vreemde dienst

Uit de „niet-historische" rijtuigen ging een aantal blokkendozen over naar de Hoogovens te IJmuiden. Dit waren:

NS 5225 werd 6.71 KNHS 76100
NS 5213 werd 11.72 KNHS 76101
NS 5704 werd 11.72 KNHS 76102
NS 5839 werd 11.72 KNHS 76103
NS 5712 werd 7.73 KNHS 76104

De overgebleven „niet-historische" rijtuigen gingen sinds 1971 als volgt buiten dienst:

1971	5214/21/22/26, 5355, 5702/5/6/9/11
1972	5212/16/27/33/35, 5707/8, 5843
1974	5240/41, 5358, 5508
1976	5215/17
1977	5351
1978	5211/18/31/39
1979	5357

Het historische bestand leverde tijdelijk of voor lange duur rijtuigen aan de Stoomtram Hoorn-Medemblik, Stichting Stoomtreinmaatschappij Tilburg-Turnhout, Veluwsche Stoomtrein Maatschappij, Stichting Stoomtram Goes-Borsele. De levensloop van deze rijtuigen is na Heerlen als volgt verlopen.

5212	7.74-11.74 huur SGB, daarna wph Haarlem
5215	1974-1975 bruikleen SSTT, 1976 eigendom VSM als 491
5217	1974-1975 bruikleen SSTT, 1976 eigendom VSM als 492
5231	1974-1975 bruikleen SSTT, 1978 eigendom SGB als 133
5239	1974-1975 bruikleen SSTT, 1978 eigendom SGB als 134
5240	7.74-11.74 huur SHM, 1974 eigendom VSM als 493
5241	7.74-11.74 huur SHM, 1974 eigendom VSM als 494
5351	1974-1977 bruikleen SSTT, 1977 eigendom SSTT als 5351
5352	1974-1977 bruikleen SSTT, 1977 wph Haarlem
5358	1974 eigendom SGB als 132

Sommige blokkendozen bij de VSM en SGB zijn keurig geschilderd met eigen embleem. Hiermee in tegenstelling zien wij dat enkele van deze rijtuigen geen eigen nummer dragen of dat dit nummer op een krielige wijze erop geschilderd staat. Een dergelijke slordige uitvoering is een blokkendoos onwaardig. Zij die miljoenen kilometers op de lijnen van de Nederlandse Spoorwegen hebben afge-

5225 (foto NJvWJ, 14.10.72 Hoogovens Velsen)

5704 (foto NJvWJ, 27.3.73 Hoogovens Velsen)

Loc 57 KNHS — 5213 — 5704 — 5839 — 5712 — 5357. (foto NJvWJ, 7.10.73 Midwoud/Oostwoud)

Loc 1505 — 5215 — 5231 — 5217 — WL 4202 — 6001 — 5239 — 5351 — 5352. (foto NJvWJ, 26.5.74 Rotterdam CS)

Loc 094 055-1 DB — 5240 — 5241. (foto NJvWJ, 6.8.75 Beekbergen)

Loc 23076 + 23071 DB — 5215 — 5217. (foto NJvWJ, 9.9.78 Beekbergen)

5231 — 5239. (foto NJvWJ, 8.10.78 Goes)

Loc 21 LTM — 5241 — 5240. (foto NJvWJ, 17.7.74 Zwaag)

Loc 3737 — 5217 — 5215 — 5352 — 5351 — 5239 — 5231 — 6001 — 6004 — 6006. (foto NJvWJ, 24.5.75 Baarle Nassau grens)

Loc 23071 DB — 5240 — 5241 — 5215 — 7702. (foto NJvWJ, 19.10.78 Zaltbommel)

5358 (foto NJvWJ, 8.10.78 Goes)

5212 (foto NJvWJ, 26.10.78 Werkplaats Haarlem)

Museumtreinstel Cesc 8108 – mBD 9116. (tek. Schooneveld)

legd, verdienen hun naam (nummer) op waardige wijze kenbaar te maken. De historische 5211, 5218 en 5357 waren erg slecht, zij stonden in 1977 nog te Roosendaal waarna zij in 1978 en 1979 werden afgevoerd.
Ter verwezenlijking van de gedachte een 2-rijtuigblokkendozentrein te herbouwen, zijn de rijtuigen 3084 9781 801-0, 3084 9711 012-9, 5352 en 5212 voorlopig veilig gesteld. De bedoeling is een treinstel te formeren van de samenstelling mBD 9116-Cesc 8108. Dit type treinstel ging met de zomerdienst van 1935 rijden als stoptrein tussen Haarlem en Rotterdam DP. Ook de Cathérine kan nog onderdelen leveren voor dit treinstel. Als leeg gehaald rijtuig kan de bak worden gebruikt voor opslag van attributen van de Spoorweg Sportvereniging Utrecht aan de Kruisvaart.
De 3084 9782 501-5 gaat over naar de NV Struktongroep te Maarssen als trekkracht voor werktreinen ten behoeve van de bouw van verhoogde perrons tegen de wanden in de Schipholtunnel. Deze perrons zijn bedoeld om in noodgevallen de reizigers gelegenheid te bieden vlot en zonder gevaar de trein via deze perrons te kunnen verlaten. Zij worden aangebracht op gelijke hoogte met de vloer van de rijtuigbalkons. Het is gebleken, dat motortractie in deze tunnel niet mogelijk is in verband met het moeilijk afzuigen van de uitlaatgassen van de motor.
Behalve de genoemde rijtuigen in dienst bij de Nederlandse museumlijnen, is er nog een tweede groep blokkendozen in vreemde dienst. Dat zijn enige vermiste rijtuigen. Een aantal van hen was een paar jaar geleden, en mogelijk thans nog, in dienst bij de DR (Oost-Duitsland), eventueel PKP (Polen). Van deze rijtuigen is een zeer beperkt aantal foto's bekend. Bij de DR reden er enige Cec's 8500 waarbij de toiletinrichting is uitgebroken en vervangen door een „coupé". Aan de beide einden van de bankenrij voor 2 personen zijn de twee 4-persoons afdelingen verbouwd in twee nieuwe toiletinrichtingen die ca. 500 mm langer zijn dan de originele. Tevens zijn de portieren aan de zijde van de reizigersafdeling vervallen. Bovendien is het slot van het resterende portier verplaatst van de middenbalkonstijl naar de kopwandstijl. De ventilatie-raampjes zijn vervallen en opgenomen in de grotere ramen.
Men kan zich voorstellen, dat deze constructiewijziging volgens bijgaande tekening is uitgevoerd. Daar ik deze verbouwde blokkendozen nooit heb gezien kan ik mij slechts aan de hand van foto's een idee vormen dat echter voor verbetering vatbaar is.

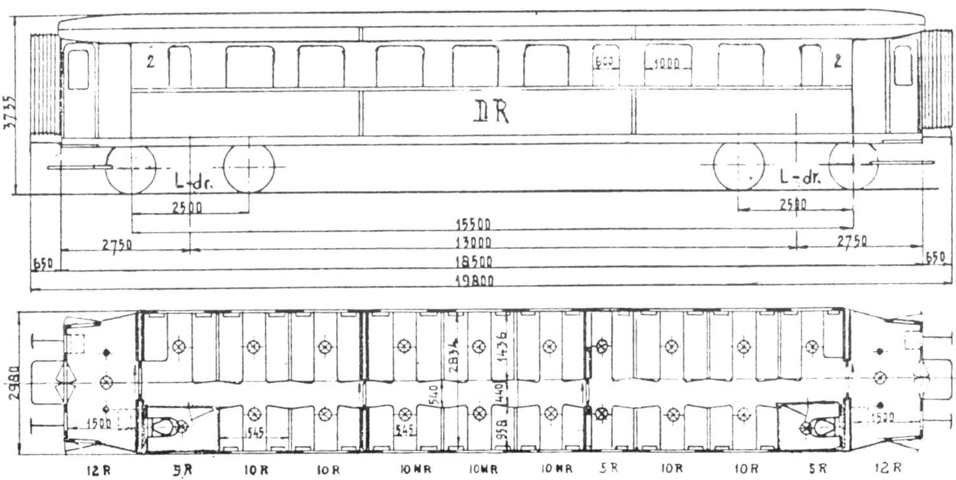

mBD 9159. (foto Bal, 19.7.67 Halle)

mC 9025. (foto Bal, 19.7.67 Halle)

mBD 9118/9123. (foto Villanji, 8.79 Rákos)

B 8500 als 3150 7416 630-9. (foto Ockeloen, 4.9.76 Halberstadt)

mP 9223 — 9210 — 9231 — 9203 — 9202 — 9212. (foto NJvWJ, 4.5.66 Leiden)

5841 – 5812 – 5827. (foto NJvWJ, 29.3.74 Brussel Zuid)

mP 9226 als trekkracht wasinrichting Leidschendam/Voorburg. (foto NJvWJ, 29.6.67 Leidschendam/Voorburg

Vernummering dienstmaterieel 1966 inclusief verdere indienststelling en buitendienststelling 1966-1979

Eind zestiger jaren kwam de vernummering van het dienstmaterieel in het 12-cijfer systeem. Tot op heden is dat uitgevoerd als volgt:

B 5845 wordt 3084 9840 701-1 (1977)

159 011, 013-018, 051 worden 3084 9741 932-2/934-8/935-5/936-3/937-1/938-9/939-7/957-9

165 071-084 worden 3084 9711 600-1/601-9/602-7/603-5/604-3/605-0/606-8/607-6/608-4/610-0/611-8/612-6/613-4/614-2

167 005-007 worden 3084 9711 800-7/801-5/802-3

177 168-175 worden 3084 9711 001-2/002-0/003-8/004-6/005-3/006-1/007-9/008-7

177 186 II, 187, 191, 192 worden 3084 9741 013-1/014-9/015-6/016-4

178 166 wordt 3084 9791 000-7

178 171 wordt 3084 9741 020-6

180 153-157, 167-174 worden 3084 9711 615-9/616-7/617-5/618-3/619-1/628-2/630-8/631-6/632-4/633-2/634-0/635-7/636-5

181 201 wordt 3084 9741 970-2

181 202 wordt 3084 9741 971-0, 159 052 (1967), 3084 9741 958-7 (1968)

181 203 buiten dienst 1965

181 204 wordt 3084 9741 972-8

181 205 wordt 3084 9741 973-6

270 114-123 worden 3084 9791 500-6/501-4/502-2/503-0/504-8/505-5/506-3/507-1/508-9/510-5

270 493 wordt 3084 9701 910-6

Sinds 1966 kwamen ook de dienstwagens met de 12-cijferige nummers in bedrijf.

oud nummer	nummer dienstwagen	in dienst	opmerkingen
mP 9233	3084 9741 800-1	1966	
mP 9201	3084 9782 811-8	1968	Jim
mP 9204	3084 9782 812-6	1968	Bromvlieg; 1969 Jules

5827 – 5812 – 5841. (foto NJvWJ, 2.4.74 Terneuzen)

Loc 89 HSM – 5841 – 5812 – 5827. (foto NJvWJ, 13.6.74 Naarden/Bussum)

oud nummer	nummer dienstwagen	in dienst	opmerkingen
mP 9205	3084 9751 512-9	1968	
mP 9212	3084 9751 513-7	1968	
mP 9213	3084 9751 514-5	1968	
mP 9225	3084 9782 813-4	1968	Cathérine
mDW 169 306	3084 9782 500-7	1968	Jaap
mDW 169 310	3084 9782 501-5	1968	
A 5505	3084 9781 600-6	1969	
A 5509	3084 9781 804-4	1969	
B 5812	6084 9931 001-9	1973	
B 5827	6084 9931 002-7	1973	
B 5841	6084 9931 003-5	1973	

Ook zijn er nog vele vernummeringen en diverse buitendienststellingen bij dit dienstmaterieel, nu opgenomen in het internationale nummersysteem, voorgekomen. Van huis uit behoren al deze voertuigen tot het geslacht der blokkendozen, ongeacht de dienst waartoe zij tenslotte zijn gekomen.

1967	3084 9741 013-1, 014-9 buiten dienst
1968	3084 9711 001-005 worden 3084 9741 024-8/025-5/026-3/027-1/028-9 3084 9711 600-614 worden 3084 9741 608-8/610-4/611-2/612-0/613-8/ 614-6/615-3/616-1/617-9/618-7/619-5/620-3/621-1/622-9 3084 9711 634 wordt 3084 9701 001-4 3084 9711 800-802 worden 3084 9711 010-3/011-1/012-9 3084 9791 000 wordt 3084 9741 023-0
1969	3084 9782 811, 813 worden 3084 9781 801-0/803-6
1970	3084 9782 812 wordt 3084 9781 802-8 3084 9741 015-6 buiten dienst
1971	3084 9711 635 wordt 3084 9701 002-2 3084 9741 612 wordt 3084 9810 808-0 3084 9711 007-9 buiten dienst
1972	3084 9711 006 wordt 3084 9840 500-7 3084 9711 636 wordt 3084 9701 003-0 3084 9741 024 wordt 3084 9741 623-7 3084 9741 025, 027 worden 3084 9791 512-1/514-7
1973	3084 9741 016 wordt 3084 9791 511-3 3084 9741 617 wordt 3084 9701 500-5 3084 9741 621 wordt 3084 9840 501-5 3084 9741 800 wordt 3084 9840 805-0 3084 9810 808 wordt 3084 9840 801-9 3084 9741 970-2 buiten dienst 3084 9741 972-8 buiten dienst 3084 9741 973-6 buiten dienst
1974	3084 9741 026 wordt 3084 9791 513-9 3084 9840 501 wordt 76105 KNHS
1975	3084 9701 910 wordt 3084 9701 884-3 3084 9741 613 wordt 3084 9840 700-3 3084 9741 958 wordt 3084 9840 808-4
1976	3084 9781 802 wordt 3084 9781 601-4 3084 9701 500-5 buiten dienst
1977	3084 9741 957 wordt 3084 9840 811-8 3084 9711 633-2 buiten dienst
1978	3084 9711 008 wordt 136 SGB 3084 9741 935 wordt 3084 9841 930-5
1979	3084 9711 010 wordt 137 SGB 3084 9701 884-3 buiten dienst 3084 9711 011-1 buiten dienst 3084 9751 513-7 buiten dienst

5616 (foto NJvWJ, 13.4.74 Hilversum Monnikenberg)

De rijtuigen 9781 801 en 803, ex 9782 811 en 813 waren bedoeld voor proefnemingen met luchtgeveerde draaistellen. De Wa-draaistellen van de 803 (Cathérine) werden vervangen door de gewijzigde en nu aangepaste proefdraaistellen van B 6603. De bedoeling van deze luchtvering is om de vloer van het rijtuig bij hoge of lage belasting met reizigers op de juiste hoogte te houden ten aanzien van het perron. De aangebrachte luchtbalgen zijn van een modern type dat in Japan is ontwikkeld.
Hoewel de Cathérine geen tractie-motoren heeft, zijn de beide stuurstanden behouden gebleven om daarmee eventueel als stuurstandrijtuig te kunnen rijden. De 801 (Jim) kon daarbij als trekkracht worden gebruikt. Evenals Jules kreeg ook Jim, althans na verloop van enige tijd, 100 volt stuurstroom.
De 801 en 803 hebben in 1970 proefgereden op de Hofpleinlijn waarbij 9 ton stalen remblokken het gewicht van 120 reizigers moest vervangen. Hierbij was de maximumsnelheid ca. 100 km/h. Enige maanden later werden tussen Helmond en Horst/Sevenum met de Cathérine wederom proefritten gereden, nu met mP 3001 als trekkracht en een snelheid van ca. 140 km/h.
De 802 Jules kreeg als proef ter vervanging van de rijweerstanden, thyristorsturing met 100 volt stuurstroom. Na enige jaren dienst werd electrische beremming met remweerstanden op het dak aangebracht.
Met thyristors kwamen later nog in dienst de E12 472, 473, 2014 en 2015. In 1976 werd de Jules aangewezen voor meetrijtuig ten dienste van de Automatische Trein Beïnvloeding en werd vernummerd in 3084 9781 601-4. Tevens kreeg de 601 nu de gele kleur in plaats van het bruin van de dienstwagens.
Onafhankelijk van de 801-803 kwam in 1969 nog de 804-4 in dienst als meetrijtuig voor remproeven. Teneinde de loop van dit rijtuig te verbeteren werden in 1973 de La-draaistellen van de 804 omgewisseld met de IT-draaistellen van de „terreinwagen" A 6005 te Roosendaal.

5845 Trailstar. (foto NJvWJ, 16.9.76 Rotterdam Noord)

mK 169 303 motorkonvooiwagen. (foto NJvWJ, 2.7.58 Haarlem)

In 1973 kwam er een tweede tentoonstellingstrein ex blokkendoosmaterieel (9931 001-003). Deze trein kan door iedere firma worden gehuurd om daarin zijn artikel aan te bieden en ermee door Nederland of eventueel aangrenzend gebied te reizen. Hiervan werd reeds veelvuldig gebruik gemaakt.
Een afzonderlijk geval is de C 9424^{II} die ter beschikking van de ORE werd gesteld en bij de SNCF met behoud van dit nummer werd ingericht tot meetrijtuig voor beproevingen op het gebied van de rustige gang van de draaistellen. Als getrokken rijtuig zou de 9424^{II} het nummer 5852 hebben gekregen.

Blokkendozen als terreinwagen

Tenslotte heeft nog een 17-tal rijtuigen van het materieel 24 zonder enige vernummering dienst gedaan als kantoor, personeelsverblijf of anderszins. In 1974 kregen de toen nog aanwezige „kantoren c.s." een terreinwagen-nummer.

Nummer	buiten dienst	in dienst	omschrijving
B 5811	10.10.61	10.1961	Crailoo, personeelsverblijf: † 10.63.
B 5819	13.12.63	12.1963	Utrecht, kantoor: † .68.
B 5810	16. 9.64	11.1964	Werkplaats Haarlem, schaftlokaal: † 3.65; 1966 montagewagen Sp BB.
mP 9206	28. 6.66	.66	Utrecht, gereedschapswagen ongevallenkraan: † 3.69.
B 5845	11. 8.66	.68	Rotterdam, kantoor Trailstar Spaanse polder; 1976 Rotterdam Noord.
mP 9226	24.11.66	.67	Leidschendam/Voorburg, wasloc, 1.74: 3084 9840 802-7: † 4.75
mDW 169 309	9. 6.67	.69	Eext, kampeercentrum „De Schaopvolte".
B 5102	16.10.68	9.69	Leidschendam/Voorburg, kantoor; 1.74: 3084 9840 803-5: † 6.76.
B 5105	8.11.68	9.69	Leidschendam/Voorburg, kantoor; 1.74: 3084 9840 800-1: 8.74 Watergraafsmeer: † 10.77.
B 5110	8.11.68	9.69	Leidschendam/Voorburg, kantoor; 1.74: 3084 9840 804-3; 8.74 Maastricht, kantoor; 1978 Amsterdam kantoor; 1979 Beekbergen verblijfswagen VSM.
B 5238	8.11.68	7.69	Hoorn, banken voor C 290 TS; 5.70 Roosendaal kantoor; Maastricht kantoor Electrorail: † .72.
A 5504	8.11.68	9.69	Leidschendam/Voorburg, kantoor; 1972 Eext kampeercentrum „de Schaopvolte".
A 5508	8.11.68	2.70	's-Hertogenbosch carnaval; 1970 Roosendaal, kantoor; 1973 Heerlen opgeborgen: † 11.74.
AB 5616	8.11.68	.69	Hilversum, kampeerrijtuig „Monnikenberg".

3084 9782 812–6 motorrijtuig thyristorschakeling. (foto NJvWJ, 19.4.66 Werkplaats Tilburg)

3084 9781 801–0 motorrijtuig proefnemingen. (foto NJvWJ, 25.7.69 Laan van Nieuw Oost Indië)

Nummer	buiten dienst	in dienst	omschrijving
B 5221	6. 5.71	5.71	Lutterade Staatsmijnen als 3084 9871 800-3: † 4.72.
B 5706	24. 8.71	.71	Amsterdam, kantoor als 3084 9840 807-6: † 8.74.
B 5222	30. 9.71	.72	Eext kampeercentrum „de Schaopvolte".

De wasloc mP 9226 werd aan de lijnwerkplaats Leidschendam/Voorburg gebruikt om aldaar de stroomlijntreinstellen door de wasmachine te trekken. Dit motorrijtuig werd via een derde rail met stuurstroom op afstand bediend.

3084 9781 804-4 meetrijtuig met draaistellen ex 6005. (foto NJvWJ, 25.3.74 Amersfoort)

3084 9781 601-4 meetrijtuig automatische trein beïnvloeding. (foto NJvWJ, 17.4.76 Tilburg)

3084 9751 514-5 hulpwagen ongevallentrein. (foto NJvWJ, 28.7.77 Eindhoven)

3084 9781 600-6 werkwagen. (foto NJvWJ, 10.4.71 Amsterdam)

6084 9931 001-9 rijtuig tentoonstellingstrein. (foto NJvWJ, 31.3.77 Hilversum)

3084 9840 805-0 terreinwagen. (foto NJvWJ, 13.10.77 Amersfoort)

3084 9840 804-3 terreinwagen. (foto NJvWJ, 3.5.75 Maastricht)

3084 9741 026-3 werkwagen. (foto NJvWJ, 4.8.73 Hoorn)

177 175 werkwagen Weg en Werken. (foto NJvWJ, 17.12.66)

3084 9791 512-1 werkwagen. (foto NJvWJ, 6.8.72 Hilversum)

3084 9840 500-7 kantoor spoorwegrecherche. (foto NJvWJ, 7.9.74 Zwolle)

177 186^{I} hulpmeetrijtuig. (foto NJvWJ, 21.7.62 Den Dolder)

3084 9741 015-6 gereedschapswagen. (verz. NJvWJ, 14.5.69 Breda)

181 205 t/m 201 tentoonstellingstrein Philips. (verz. NJvWJ, 2.6.64 Den Haag SS)

159 052 instructierijtuig medische dienst. (foto NJvWJ, 22.6.67 werkplaats Haarlem)

270 118 montagewagen SpBB. (verz. NJvWJ, 10.7.67 Venlo)

270 493 meetrijtuig SpBB. (foto NJvWJ, 23.7.64 Den Haag SS)

180 157 werkwagen seinwezen. (foto NJvWJ, 30.4.66 Soest)

3084 9711 615-9 werkwagen seinwezen. (foto NJvWJ, 15.7.77 Alkmaar)

180 171 werkwagen seinwezen. (foto NJvWJ, 22.4.67 Mariënberg)

3084 9701 001-4 werkwagen. (foto NJvWJ, 31.8.72 Amsterdam)

157 878 montagewagen NS. (foto NJvWJ, 5.9.53 Zwolle)

3084 9741 616-1 montagewagen NS met schraapinrichting bovenleiding. (foto NJvWJ, 5.4.76 Zutphen)

169 309 kantoor. (foto NJvWJ, 27.9.70 Eext)

3084 9782 501-5 motordienstwagen wegleren machinisten. (foto NJvWJ, 27.9.73 Zutphen)

165 081 montagewagen NS. (verz. NJvWJ, 4.8.67 Zwolle)

3084 9840 700-3 terreinwagen. (foto NJvWJ, 29.10.76 Maarn)

169 306 motorkonvooiwagen. (foto NJvWJ, 29.5.68 werkplaats Haarlem)

159 051 instructierijtuig medische dienst. (foto NJvWJ, 20.4.67 Tilburg)

3084 9741 020-6 railslijpwagen. (foto NJvWJ, 1.7.72 Haarlem)

159 017 instructierijtuig medische dienst. (foto NJvWJ, 26.2.66 Den Dolder)

167 006 magazijnwagen. (foto NJvWJ, 5.1.66 Utrecht)

178 166 onkruidbestrijdingswagen met draaistellen ex 2907. (foto NJvWJ, 4.3.66 Utrecht)

169 309 – BD 6807 – meetrijtuig SNCF-169308, trein 23013. (foto NJvWJ, 28.4.64 Utrecht)

mP 3001 + 3084 9781 803-6 met draaistellen ex 6603, proefrit luchtvering, trein 24376. (foto NJvWJ, 27.10.70 Helmond)

3084 9781 803-6 + 3084 9781 801-0 proefrit luchtvering. (foto Albers, 13.5.70 Berkel en Rodenrijs)

B 9424 meetrijtuig. (foto G. Coudert, 15.9.73 Parijs)

Gebruikte benamingen van enkele begrippen.

(electro)motor: stroom → draaien	een machine, die electrische- in mechanische energie omzet. Het voordeel van de electromotor is, dat deze direkt een draaiende beweging levert.
generator: draaien → stroom	een machine, die mechanische energie (in dit geval in de vorm van een draaiende beweging) omzet in electrische energie. Het vroeger hiervoor gebruikte woord dynamo is in zoverre in onbruik geraakt, dat het tegenwoordig alleen nog wordt gebruikt voor die stroomopwekkers welke klein van vorm zijn en stroom van lage spanning leveren zoals bijv. de dynamo van een fiets en de verlichtingsdynamo van een getrokken spoorrijtuig.
motorgenerator: gelijkstroom → wisselstroom gelijkstroom hoge → lage spanning	de combinatie van een gelijkstroom electromotor en een wisselstroom, resp. gelijkstroom generator gebruikt om gelijkstroom om te zetten in wisselstroom of gelijkstroom van hoge spanning in gelijkstroom van lage spanning.
aggregaat:	de combinatie van een verbrandingsmotor met een generator.
omvormer:	de algemene benaming voor die apparatuur waarmee electrische energie van de ene vorm wordt omgezet in een andere vorm.
transformator: wisselstroom hoge → lage spanning	apparatuur om wisselstroom van hoge spanning om te zetten in wisselstroom van lage spanning.
gelijkrichter: wisselstroom → gelijkstroom	apparatuur om wisselstroom om te zetten in gelijkstroom.

In de praktijk worden deze begrippen wel eens door elkaar gebruikt, hetgeen bij verschillende krachtvoertuigen aanleiding tot misverstand kan geven. Zo gebruikt men het algemene woord omvormer, hoewel men in dat geval speciaal de motorgenerator bedoelt.

De volgende bladzijden geven een compleet overzicht van alle bestaand hebbende blokkendoostypen.

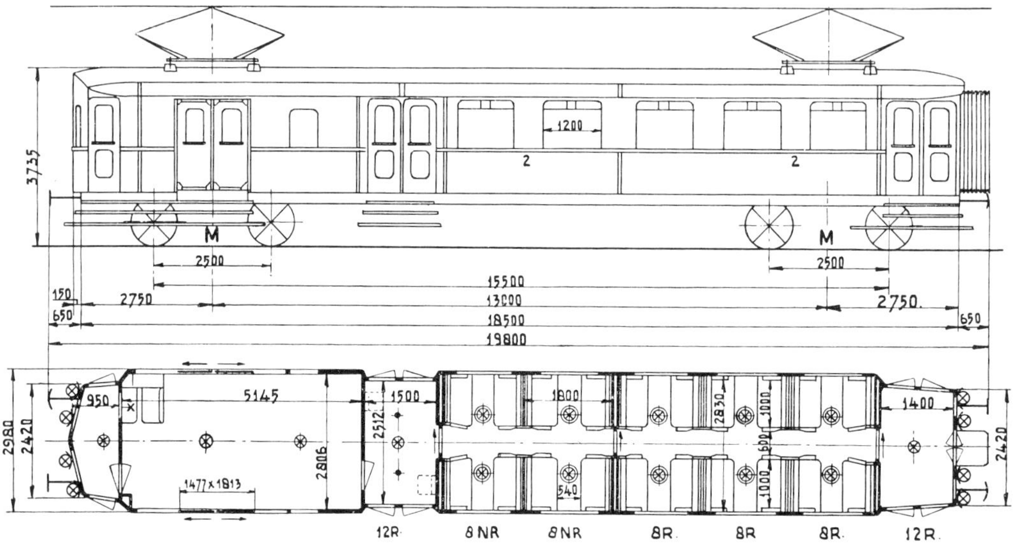

Type 1 (tekening NS)

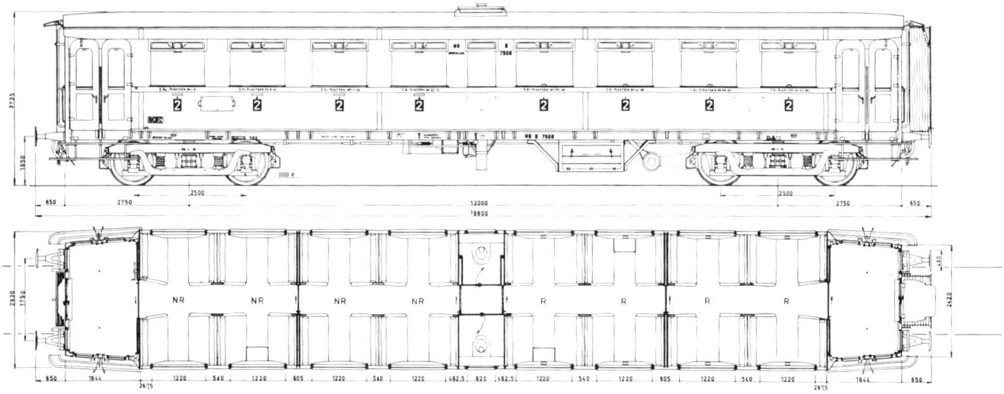

Type 2 (tekening B. Schooneveld)

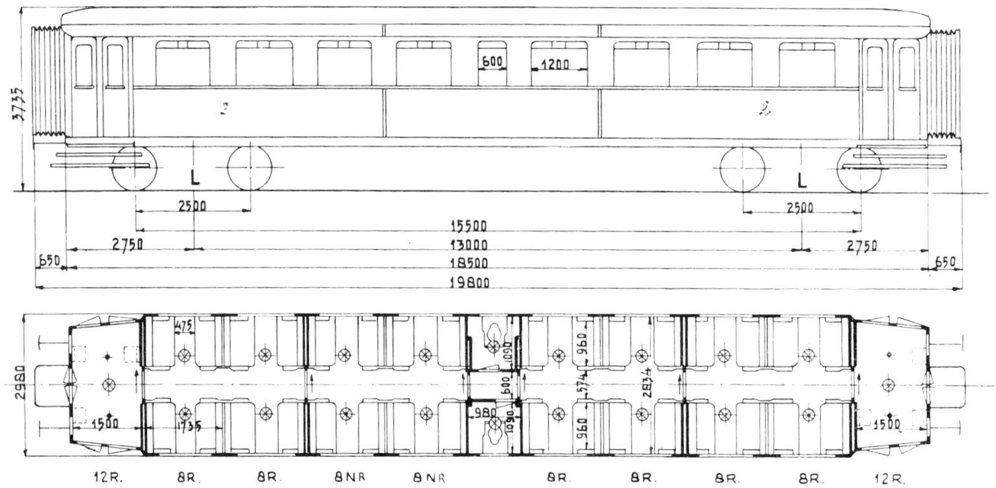

Typen 2, 13 (tekening NS)

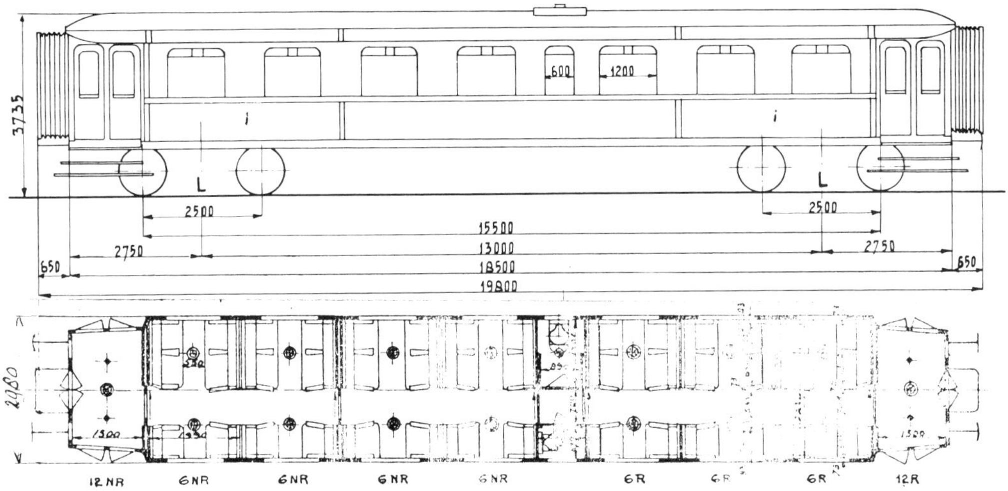

Type 3 (tekening NS)

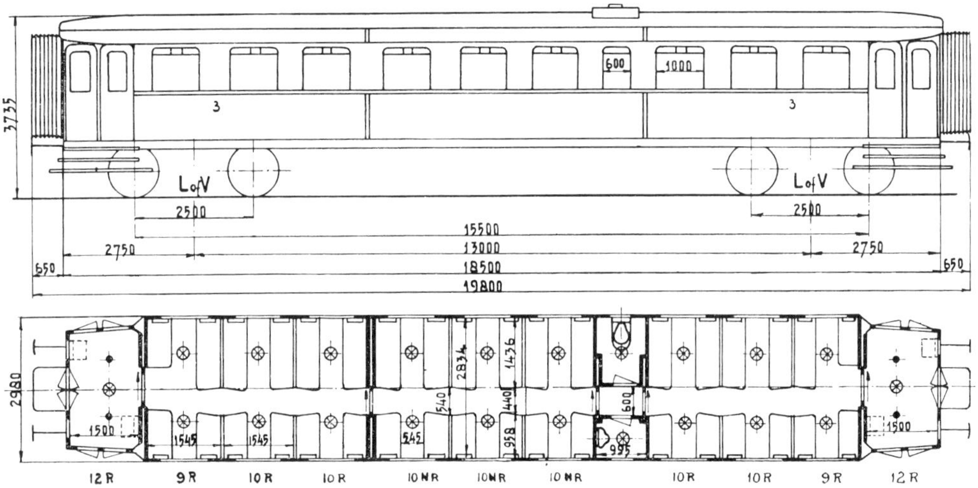

Typen 4, 11 (tekening NS)

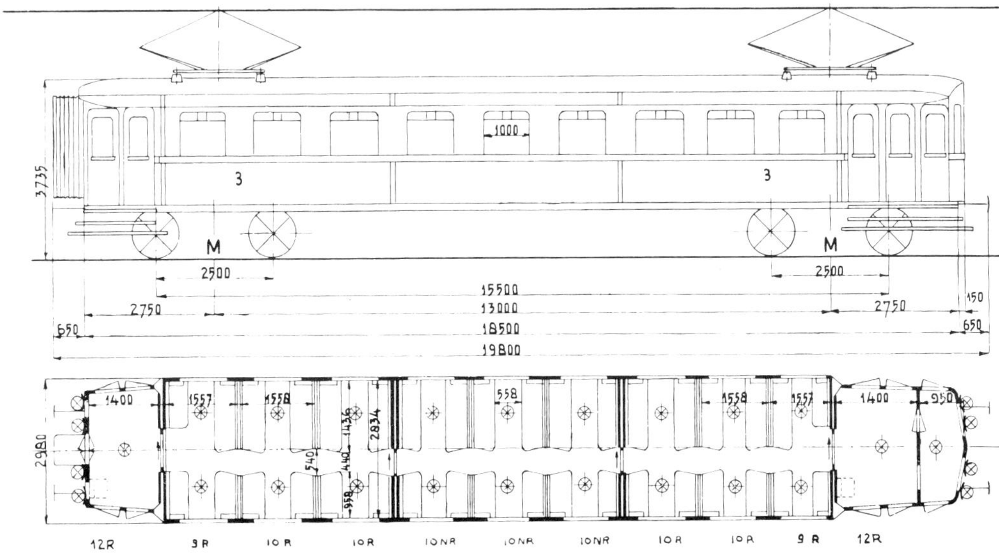

Type 5 (tekening NS)

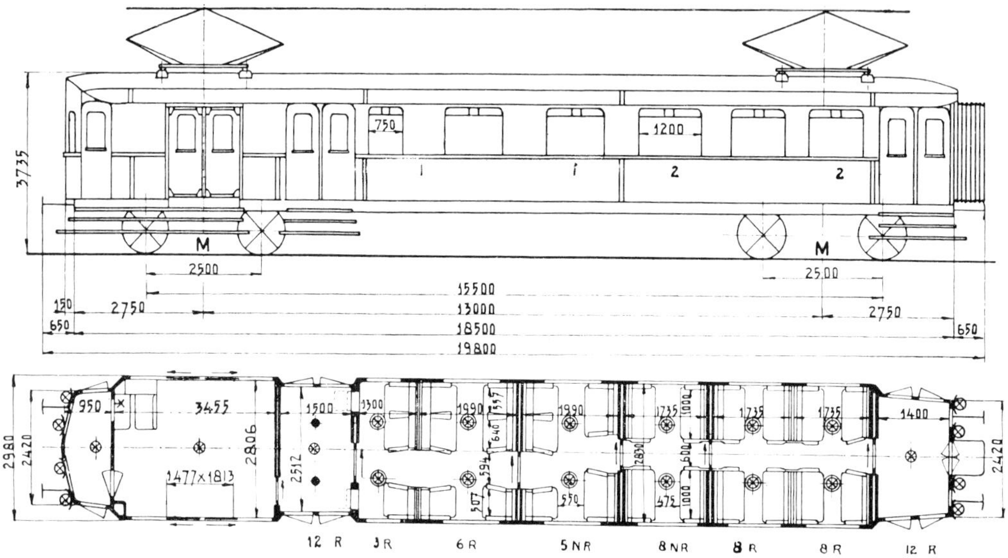

Type 6 (tekening NS)

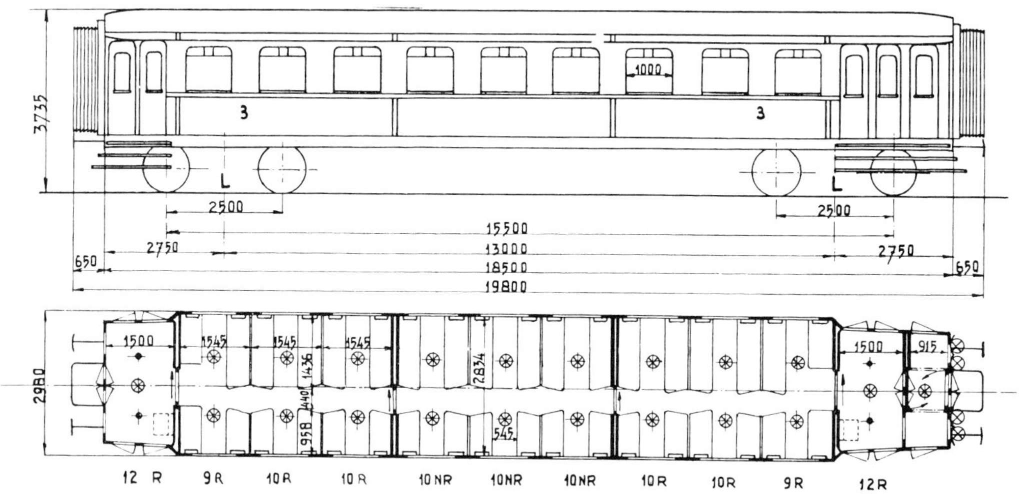

Type 7 (tekening NS)

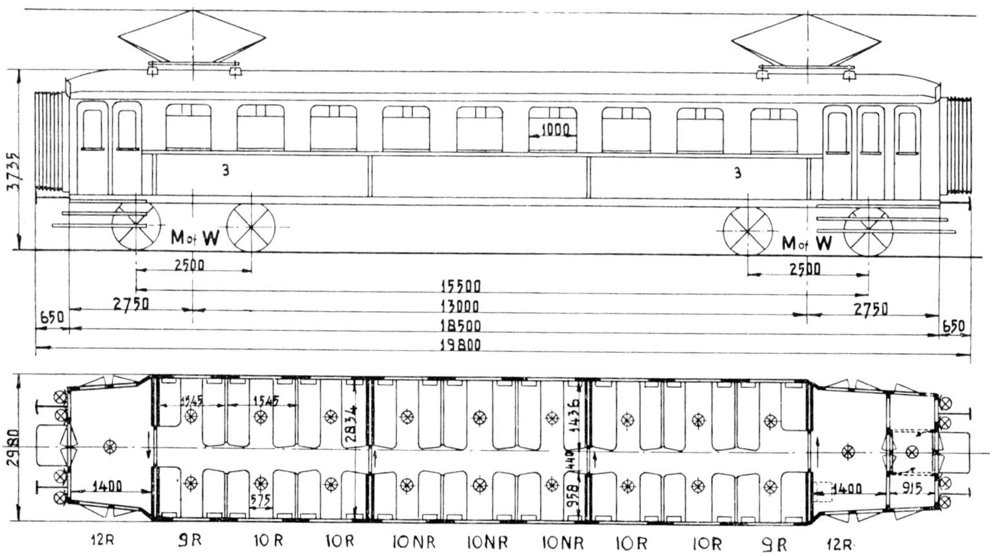

Typen 8, 12 (tekening NS)

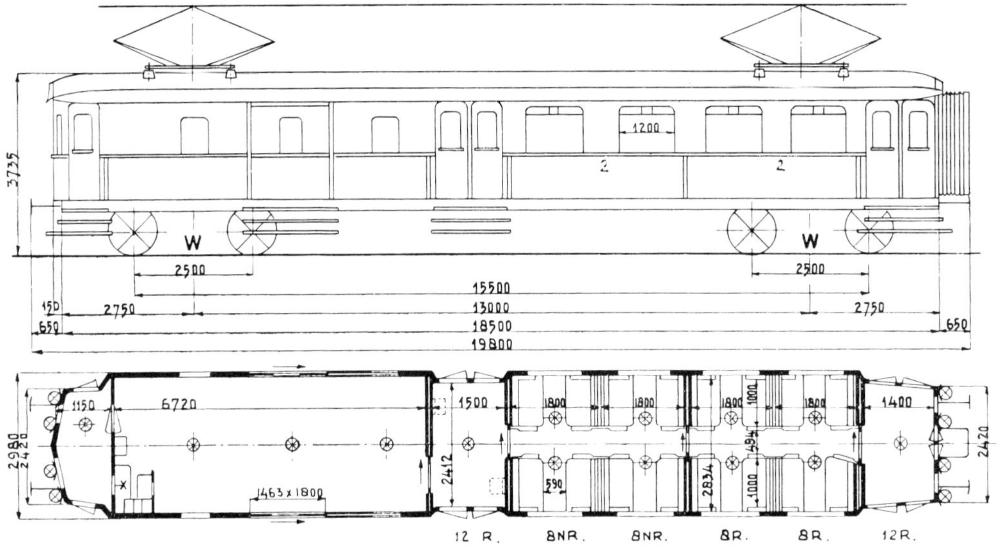

Type 9 (tekening NS)

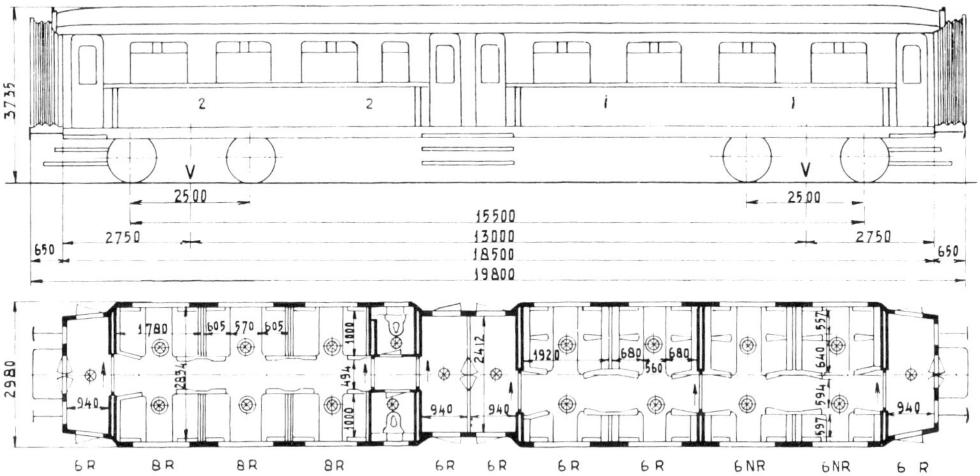

Type 10 (tekening NS)

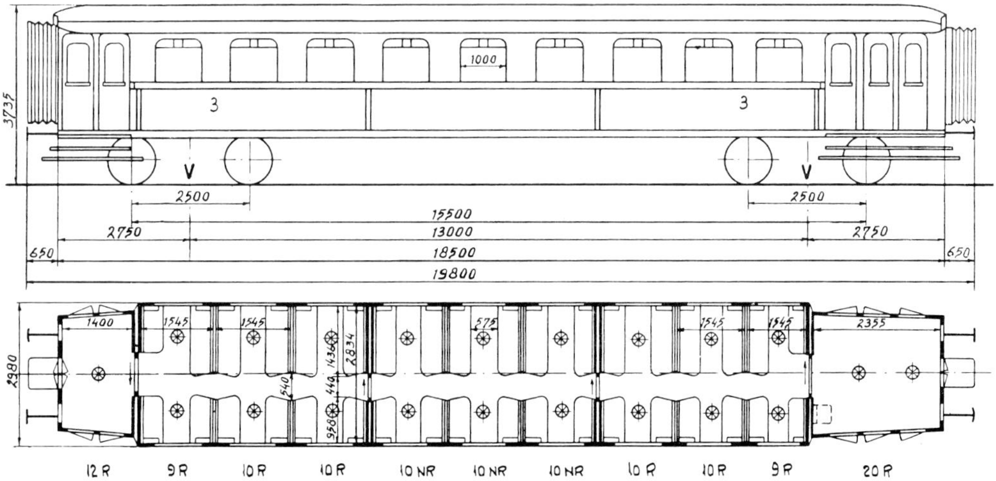

Type 12A (tekening NS)

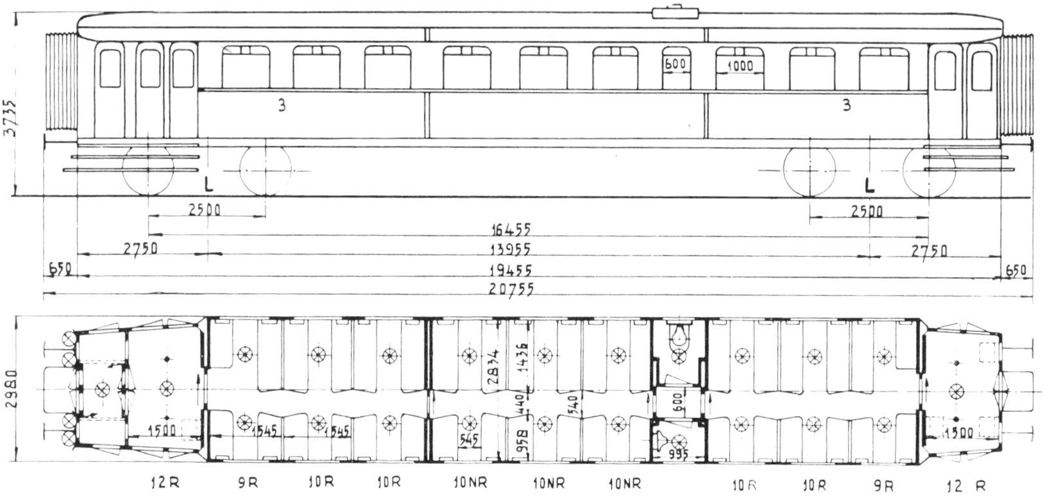

Type 14 (tekening NS)

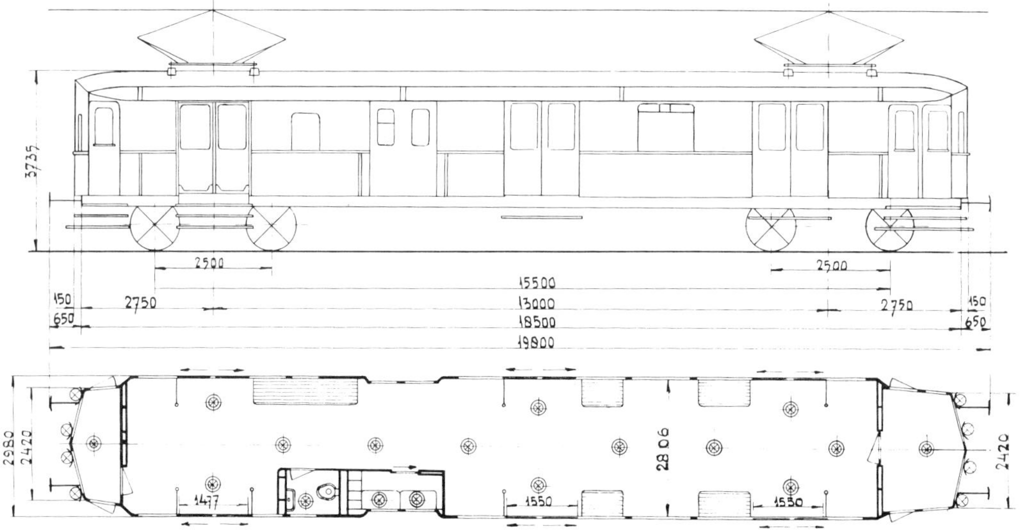

Type 15 (tekening NS)

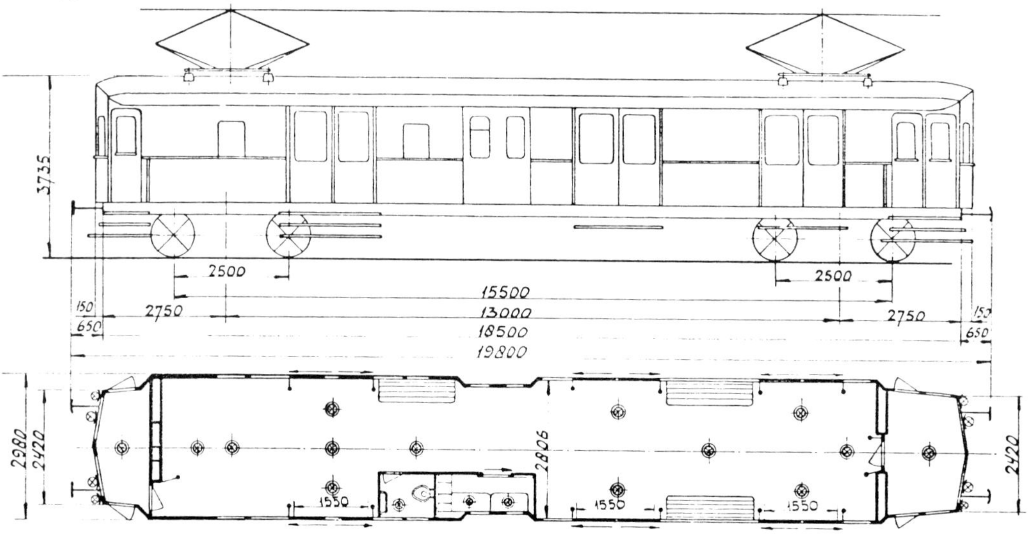

Type 16 (tekening NS)

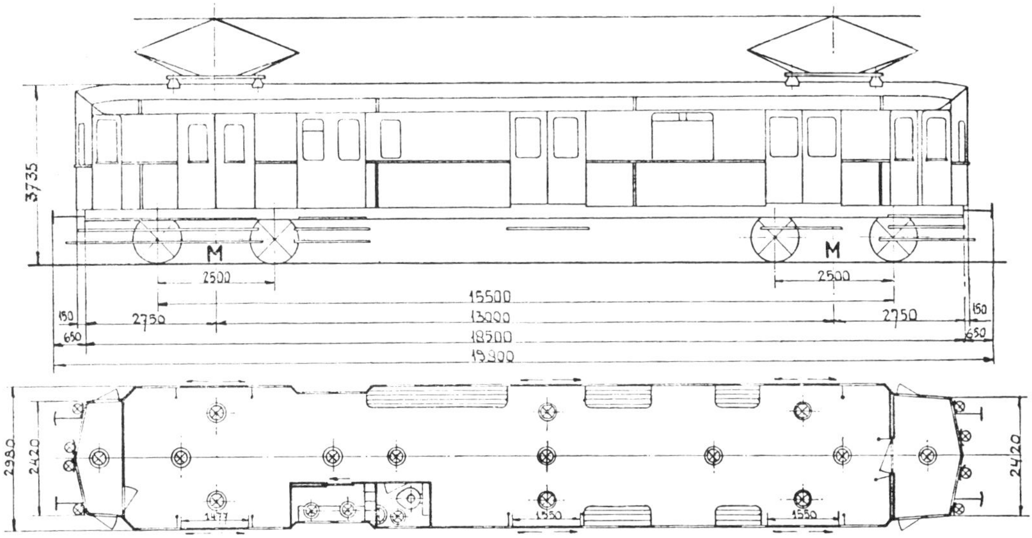

Type 17 (tekening NS)

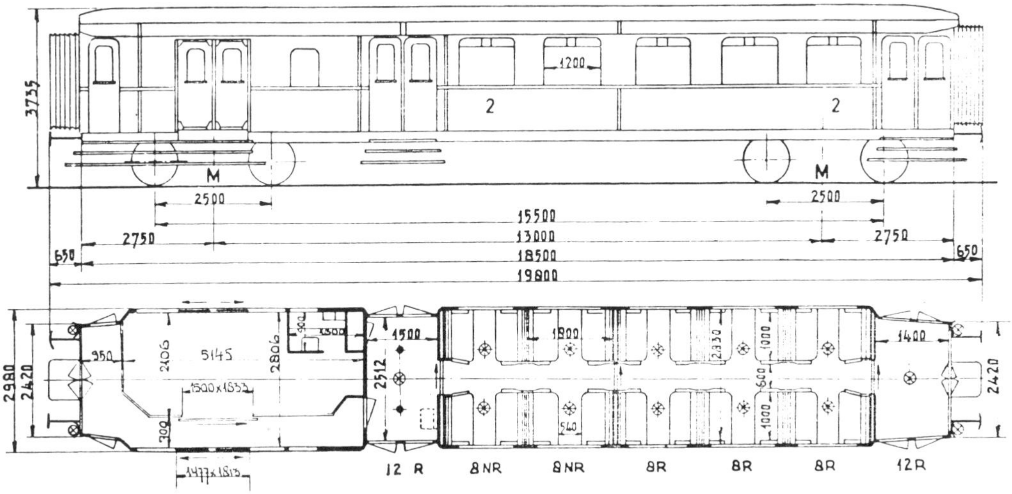

Type 21 (tekening NS)

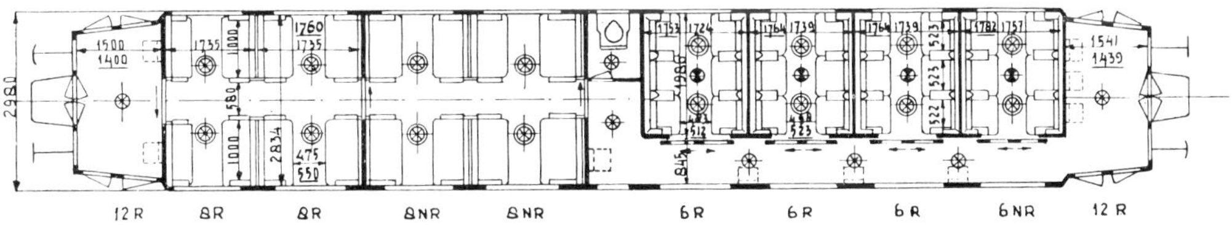

Typen 22, 13 (tekening NS), zijaanzicht als typen 2, 13

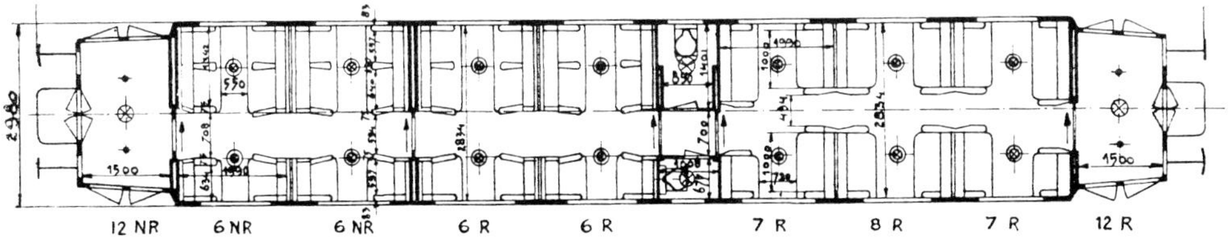

Type 23 (tekening NS), zijaanzicht als type 3

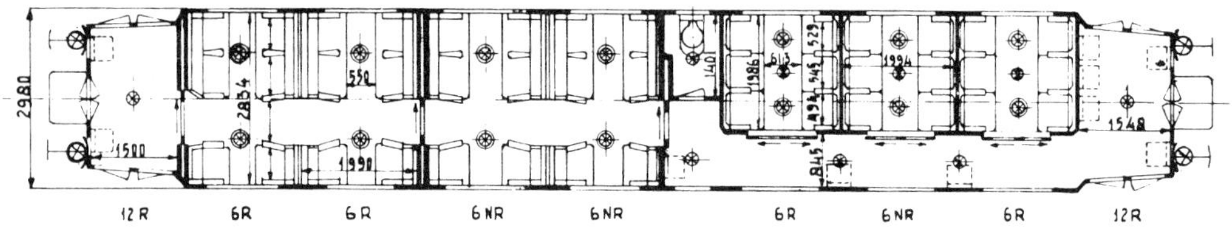

Type 23A (tekening NS), zijaanzicht als type 3

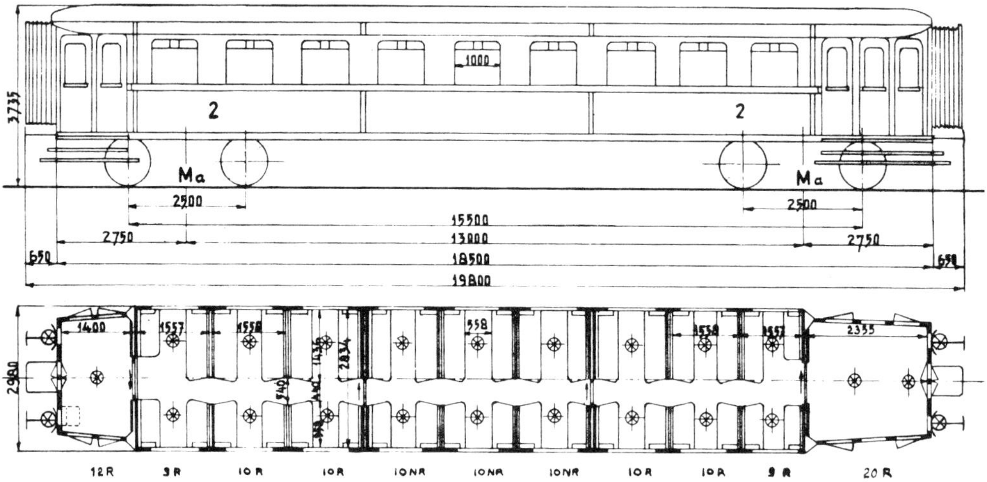

Type 25 (tekening NS)

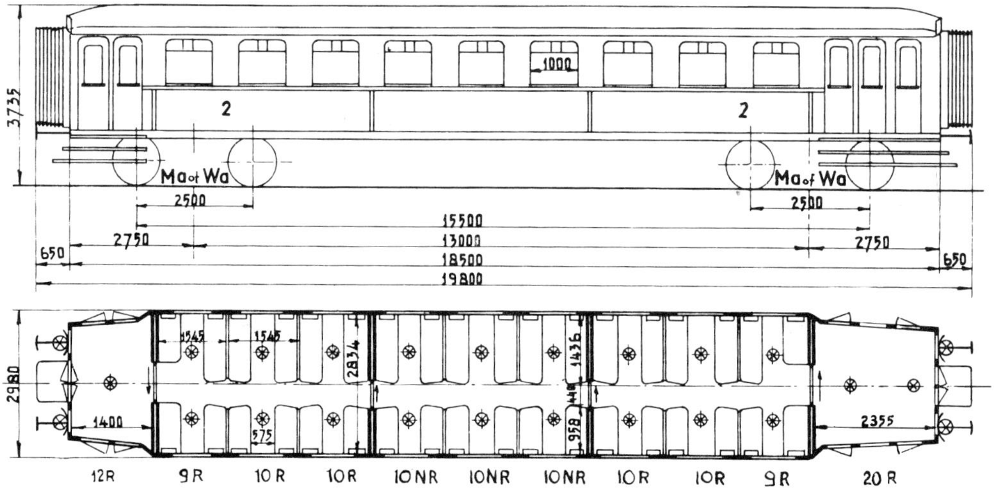

Typen 28, 32 (tekening NS)

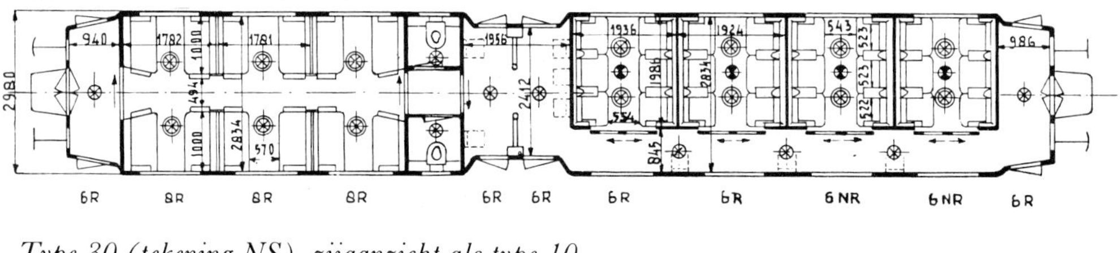

Type 30 (tekening NS), zijaanzicht als type 10